ACCESO GRATIS *a la Lectura en la Nube*

AF237872

Para visualizar el libro electrónico en la nube de lectura envíe junto a su nombre y apellidos una fotografía del código de barras situado en la contraportada del libro y otra del ticket de compra a la dirección:

ebooktirant@tirant.com

En un máximo de 72 horas laborales le enviaremos el código de acceso con sus instrucciones.

Fotografía de la portada: Adrián Beltrán Marín

© TIRANT LO BLANCH
 EDITA: TIRANT LO BLANCH
 C/ Artes Gráficas, 14 - 46010 - VALENCIA
 TELFS.: 96/361 00 48 - 50
 Fax: 96/369 41 51
 Email: tlb@tirant.com
 www.tirant.com
 Librería Virtual: www.tirant.es
 DEPOSITO LEGAL: V-1377-2024
 ISBN: 978-84-1071-049-8
 MAQUETA E IMPRIME: Tink Factoría de Color , S.L.

Si tiene alguna queja o sugerencia, envíenos un mail a: atencioncliente@tirant.com.
En caso de no ser atendida su sugerencia, por favor, lea nuestro procedimiento de quejas en:
www.tirant.net/index.php/empresa/politicas-de-empresa

Responsabilidad Social Corporativa
http://www.tirant.net/Docs/RSCTirant.pdf

LA MIRADA QUE INTERVIENE EN AQUELLO QUE MIRA

PERSPECTIVAS PLURALES SOBRE LA EDUCACIÓN SECUNDARIA

Juan Ramón Martínez Morales (Coordinador)

Índice

La mirada que interviene en aquello que mira. Perspectivas plurales sobre la educación secundaria.

Una invitación a la lectura

Juan Ramón Martínez Morales, UVEG

> Los niños no pueden ser lo que uno quiera. No son cosas. Deben ser según los valores que esconden. Esto es, ellos mismos. Que piensen, que sientan y que quieran. Dejémosles ser niños. Respetémosles en todos los momentos. Y si se mueven en un ambiente de libertades, sutilidades y camaraderías, cargado de estímulos, provocador, veremos cómo chorrea de la infancia una vida todo hermosuras y promesas. Esta es la Escuela: ambiente y ocio. Libertad y espíritu.[1]
>
> Francesc Escribano, *El maestro que prometió el mar*

1. Preparativos del viaje

Encargarme del prólogo de esta primera edición ha sido un honor y un auténtico privilegio al poder compartir estas páginas con amigos y docentes con un nivel académico excepcional –solo hay que leer los textos aquí reunidos– y, sobre todo, con una gran vocación por la «enseñanza». Me gustaría comenzar hablando del nacimiento de este proyecto: «La mirada que interviene en aquello que mira…». Todo comenzó a tomar forma a partir de una conversación en el marco de Monteolivete, sede del Máster de Secundaria, cuyas aulas tanto han significado para las numerosas generaciones de alumnado-docentes que han pasado por ellas. En ella, se planteó la necesidad de aprovechar los recursos destinados a organizar actividades formativas dirigidas al alumnado de Máster de Secundaria, para poner en marcha una primera Jornada que reuniera, en torno a la «educación», distintas miradas sociales, partícipes

---

[1] Este es un fragmento de la última carta que envió a un amigo Antoni Benaiges i Nogués, maestro español asesinado por milicianos falangistas al comienzo de la guerra civil española, mientras estuvo destinado en la escuela de Bañuelos de Bureba (Burgos), donde impartió clases de primaria utilizando la imprenta y otras técnicas de los pedagogos franceses Célestin y Élise Freinet, centradas en la participación activa de los estudiantes, que promovían la libre expresión, la experimentación y el trabajo cooperativo con el fin de «crear espacios de aprendizaje», fomentando su creatividad, su autonomía y su responsabilidad en el proceso educativo.

del proceso de «capacitación del máster» que, como nos señala Amparo Zacarés en su ensayo, nos permitieran complementar «ciencia y arte, ética y estética, pero sobre todo razón y pasión» por la docencia, que es sin duda alguna, el punto común que compartimos quienes hemos formado parte de este primer ensayo.

La segunda razón que ha dado lugar a esta publicación y con ella, a la 1ª Jornada sobre «miradas sociales de la educación», fue sin duda alguna la jubilación, el curso pasado, de un profesor veterano en el arte de mirar dentro y fuera del aula, al que queríamos hacerle un homenaje por su compromiso permanente y durante toda su vida como docente, por intentar educar y enseñar sin nada a cambio, siempre dispuesto a ayudar a todas y a todos, y cuyo camino fue tomando forma de compromiso personal —casi político— con su alumnado, con sus colegas, con la docencia y los docentes, con la Escuela y la Universidad y, sobre todo, con la sociedad.

Esta breve introducción únicamente pretende presentar un primer cuadro sobre la escuela, —entendida como un aprendizaje integral y adaptado a las distintas necesidades—, de la mano de la pedagogía, la filosofía y la sociología y sus formas de entender la educación. Como podremos comprobar a través de los textos aquí reunidos, se trata de «partir de cero como si tratásemos de escribir sobre una página en blanco. Pero pronto veremos que hacerlo de una manera seria y científica no es nada fácil» (Santos 1998, pág 7).

Los dos primeros textos nos ayudarán a través de la pedagogía a desarrollar una oteada práctica sobre los procesos de enseñanza y aprendizaje; el texto de Amparo Zacarés toma el camino de la disciplina filosófica para analizar los fundamentos de las prácticas educativas, estableciendo desde la normatividad ética y axiológica una propuesta muy sugerente y reflexiva para entender el desarrollo integral del ser humano a través de los procesos educativos; los dos últimos textos desarrollan, desde la sociología de la educación, una mirada objetiva, neutra, activa y científica sobre los fenómenos sociales en el contexto de la escuela (alumnado, familias, docentes) que permitirá atisbar ese lienzo en el que se irán reflejando distintas realidades de la educación que irán de lo subjetivo a lo objetivable y viceversa, contribuyendo todas ellas al conocimiento sobre el aprendizaje en la escuela a través de la relación entre sus agentes sociales.

2. Iniciamos el viaje

La primera parada nos ayudará a entender de una manera muy clara y muy bien estructurada la «práctica educativa», sin perder nunca de vista al alumnado. ¿Qué enseñar? ¿cómo hacerlo? ¿cómo preparar las clases y los materiales? ¿cómo evaluar? ¿cómo deben estructurarse los elementos que componen la escuela para garantizar que la educación del alumnado se desarrolle de manera adecuada y eficiente?

El texto de Fernando Marhuenda escrito por y para el alumnado, con una selección de excelentes lecturas recomendadas en cada uno de sus apartados, reflexiona en la segunda parte de su artículo sobre la importancia de «educar» y «tutorizar», señalando el papel del docente como un acompañante que debe ayudar al alumnado en su crecimiento personal y de aprendizaje. Cierra su texto analizando la importancia de la organización en la escuela afirmando que para él «no hay didáctica sin organización».

El texto de Mª Jesús Martínez y Sara Ibáñez continúa el camino desde la pedagogía emprendido por Fernando para abordar, en este segundo ensayo, la importancia en el curriculum de la educación para la ciudadanía global (EPCG) desde tres miradas: el sistema español, la UNESCO y la OCDE. Cierran el artículo reflexionando sobre el futuro curricular de la «educación para la ciudadanía», incidiendo en la importancia de una educación basada en competencias y en la disímil implicación en su aplicabilidad por parte de la actual LOMLOE en España, así como de los organismos internacionales de la UNESCO y la OCDE.

3. Una travesía reflexiva entre dos caminos

La mirada de Amparo Zacarés nos invita a reflexionar/filosofar sobre la necesidad de enseñar al alumnado en las aulas a desarrollar un enfoque «crítico» que, como ella señala de forma muy clara, no normalice una visión «sin mirada» y que les adiestre en el arte de formular preguntas y responder desde la razón, estimulándoles su capacidad de «pensar con autonomía, con rigor lógico y con imaginación creativa».

Al igual que hará el texto de Francesc y Carles, señala la importancia de la alfabetización digital en la escuela, en cuya sociedad actual toda la información está interconectada a través de la red. Tal y como señala Amparo, como resultado de esta revolución del conocimiento técnico, estaremos expuestos a diversas oleadas tecnológicas. De nuevo coincide con el resto de autoras y autores en la importancia de trasmitir un saber en las aulas que ayude al alumnado a desarrollar destrezas y competencias, en este caso digitales, para adiestrarles en el uso de las herramientas TIC y aquí, el papel de la filosofía es crucial para «ayudar a reconstruir la praxis colectiva».

En su ensayo, además de la «alfabetización digital», también nos habla de la importancia de educar en y para la igualdad («alfabetización de género») y de la «alfabetización ético-estética» en un contexto globalizador, haciendo de nuevo un llamamiento al pensamiento crítico de la mano de la filosofía para la que el conocimiento continúe siendo un instrumento de autoconservación que garantice la supervivencia de la especie humana.

4. Una última parada

El texto de José Beltrán es una «invitación a caminar» hacia el aprendizaje y, ya en la primera cita que encabeza su ensayo, nos resume de forma muy clara su idea sobre la «enseñanza» que compartimos quienes nos hemos encontrado en estas páginas: «espacios de imaginación que den la sensación de que el mundo es grande y delicioso y que otro mundo es posible».

En este texto se desarrolla una mirada muy kantiana sobre el aula (lugar de encuentros hospitalarios) y sobre «el mundo social y quienes lo habitamos», en el que el autor tiene una habilidad especial para ponerse siempre en lugar del otro y tratar de describir lo que refleja el «espejo» a través de un intercambio de miradas con el alumnado.

Como Beltrán describe a través de las palabras de una de sus alumnas, «la educación es un viaje» en el que la mirada sociológica juega un papel fundamental, ya que a través de ella debemos pintar ese cuadro del que hablamos al principio de este texto, en el que iremos describiendo distintas perspectivas-interpretaciones sobre el objeto de estudio disponiéndonos «a mirar *lo que miran los que se llaman a sí mismos sociólogos*, dejando aparte sus pensamientos y su modo de exponerlos.» (Santos 1998, pág 9).

En este viaje tan visual, el autor –siempre acompañado por su alumnado a quien va destinado este texto–, nos describe la educación como una forma de vida social compartida y dialogante en el aula, en la que debemos pararnos a pensar y crear «ocasiones de aprendizaje» a través de la colaboración y la imaginación con el alumnado, que nos ayude a «hacernos mejores» y a encontrarle sentido a lo aprendido a través del uso correcto de las palabras y su significado. En esta preparación para la vida, en la que «vivir es aprender pensando», el autor convertido en viajero propone una sociología comprometida con el cambio social «a mejor» que «reescriba» la realidad social y vislumbre en un mundo global alternativas sociales y futuros posibles que merezcan la pena y ayuden a hacer más habitable nuestro planeta.

5. El final del viaje

El cierre de este viaje, en el que han confluido distintos enfoques sociales en torno a la educación, corre a cargo de Francesc Hernández y su hijo Carles, en una intersección de caminos con aportaciones filosóficas, pedagógicas, sociológicas y, sobre todo, matemáticas. Nadie como Francesc ha sabido unir a través de su amplia mirada social los tres saberes académicos, ejes de los ensayos aquí presentados, que van de la disciplina filosófica y sus distintos lenguajes –incluido el matemático– a la sociología como ciencia preocupada por las desigualdades sociales, pasando por la pedagogía, a caballo entre las dos anteriores.

En este cruce de caminos, nos acercan a una nueva dimensión recién nacida denominada Inteligencia Artificial, a través de un análisis muy fino sobre las pruebas PISA para demostrar cómo los rendimientos de la enseñanza reproducen los inputs de desigualdad. En su artículo, Carles y Francesc realizan un análisis complejo sobre los tipos de aprendizajes que se integran en el aprendizaje global, utilizando los neurotransmisores y en concreto, el programa de Redes Neuronales Artificiales (RNA), para aplicar el algoritmo Random Forest.

Cuando los lectores hayan llegado al final de este último ensayo podrán comprobar cómo, una vez más, sus autores nos demuestran la importancia de las matemáticas para poder alcanzar una buena formación científica. Este ensayo es un magnífico ejemplo de la revalorización que la perspectiva de Francesc ha dado al análisis sociológico tradicional a través de Bourdieu, Adorno y muchos otros autores, tratando siempre de hacer buena sociología y de que ésta adquiriera sentido como disciplina, algo que ha marcado su trayectoria profesional y personal desde sus inicios.

Estamos seguros de que estos textos con referencias legales, estadísticas y vivencias inmersas tras años de docencia de sus autores, ayudarán al alumnado a tener una visión más completa de lo que se espera de la profesión docente y de cuánto merece dedicarse a la educación en una sociedad global, en la que la educación y la escuela han pasado del aprendizaje dialógico socrático, al libro de texto vertebrador del trabajo en el aula, en la pizarra, en los cuadernos y en los exámenes, hasta llegar ahora hace apenas dos años a las nuevas posibilidades de aprendizaje que plantea la IA en su uso educativo (IAEd).

Me gustaría finalizar este breve viaje recordando el proverbio africano muy social que Amparo Zacarés trae a colación en su texto y que viene a decir que: «para educar a un niño hace falta la tribu entera». Pues bien, la educación que razona, que piensa, que dialoga, que nos ayuda a mejorar y a mantener entre todos un mundo más habitable permitiendo crear «espacios de aprendizaje» no recae únicamente en la escuela, sino que involucra a toda la comunidad, incluyendo a las familias, los docentes, las autoridades educativas y la sociedad en su conjunto, ya que para lograr una educación integral que converse, es fundamental la colaboración de todos los actores sociales implicados, tal y como ya señalaba en 1748 el barón de Montesquieu en su libro *De l'esprit des loix* en el que, además de analizar la separación de los poderes ejecutivo, legislativo y judicial, describe «los diferentes efectos de la educación en los antiguos y entre nosotros»:

> La mayor parte de los pueblos antiguos vivieron bajo gobiernos que tenían por principio la virtud; y cuando ésta se hallaba en su fuerza, se hacían cosas que hoy no vemos y que maravillan a nuestras almas pequeñas. Su educación tenía otra ventaja sobre la nuestra: no se desmentía nunca… Ahora recibimos tres educaciones diferentes o contrarias: la de nuestros padres, la de nuestros maestros, la del mundo. Lo que nos enseña la última trastorna todas las

ideas de las dos primeras. Esto procede, en parte, entre nosotros, del contraste que existe entre los preceptos de la religión y las exigencias del mundo, cosa que los antiguos no conocían.

6. Bibliografía

Aparisi-Romero, J. (2013): «Respuestas integradoras de a multiculturalidad en el curriculum: contenidos y metodologías» en *A propósito de la inclusión educativa*. Barcelona: Octaedro (123-142).

Castellanos, L. (2017): *Educar en lenguaje positivo. El poder de las palabras habitadas*. Barcelona: Paidós.

Escribano, F. (2023): *El maestro que prometió el mar*. Barcelona: Blume (74).

Santos, L. M. (1988): *Diez lecciones de sociología*. Madrid: Paideia (7-17).

La formación del profesorado de educación secundaria y formación profesional. Una perspectiva didáctica[1]

Fernando Marhuenda-Fluixá, UVEG

> Teniendo presente que la caridad debe ser el fin de todo cuanto digas,
> explica cuanto expliques de modo que la persona a la que te diriges,
> al escucharte crea, creyendo espere y esperando ame.
>
> San Agustín, *Catequesis para principiantes*[2]

1. Introducción. El trabajo docente y las competencias del profesorado

Parece que para dedicarse a la docencia en secundaria hoy en día se necesiten valor y ganas. Hace ya tiempo que se cuestiona el sentido que tiene esta etapa (y sus subetapas, obligatoria y postobligatoria académica y profesional), la voluntad y disposición para aprender del alumnado, la deriva de las reformas curriculares y, en conjunto, la dificultad de este trabajo y el malestar del profesorado[3]. En tiempos de creciente polarización, conviene trabajar por la convivencia[4], tal y como sugieren los dos manifiestos por el convivialismo[5]; y la educación ha de contribuir a construir esperanza y también paz.

¿Qué es lo que puede aportar una perspectiva didáctica a este panorama? La didáctica se encarga del estudio de la práctica educativa, lo que le exige prestar atención al qué y al cómo enseñar, así como también a las condiciones en que tiene lugar y, por lo

---

[1] Este texto fue redactado al inicio de una estancia financiada por el Ministerio de Universidades del Gobierno de España en EHB, Zollikofen (Suiza), ref. PRX22/00214.

[2] La referencia a Pere Joan Nunyes en el texto de Carles y Francesc Hernández en este libro me trajo a la memoria esta otra afirmación de san Agustín, que resume también la importancia de que la enseñanza se oriente a la comprensión del mundo y a la esperanza activa en la mejora de la vida en común.

[3] Sobre nosotros – Asociación OCRE (asociacionocre.org)

colectivolorenzoluzuriaga.com

CBG (google.com)

[4] A la que se refiere Pepe Beltrán en este mismo volumen.

[5] El primer manifiesto, firmado en 2013, se puede encontrar aquí: https://editorial.ugr.es/media/ugr/files/sample-137534.pdf El segundo ha sido publicado por la editorial Icaria en 2022.

tanto, a la organización escolar, que es la que distribuye tiempos, espacios y agrupaciones en los que tiene lugar la práctica. No es posible la didáctica sin la organización, como no es posible tampoco pensar la práctica educativa como si el trabajo docente fuera responsabilidad exclusiva de una persona y no de las decenas de profesionales que tienen incidencia sobre la educación de cualquier joven a lo largo de su escolaridad.

¿En qué consiste pues la práctica docente? Hay al menos cuatro grandes funciones que tienen que ver con la docencia en sí, y que requieren por tanto un saber profesional, unas competencias: preparar las clases (planificar la enseñanza), elegir o preparar los materiales para el aprendizaje (libros de texto o sus alternativas), dar clase (la enseñanza en sí, ante el grupo de jóvenes) y evaluar los aprendizajes resultantes de la práctica de enseñanza. Podríamos añadir una quinta función, la de investigar e innovar, algo que se viene reclamando desde hace tiempo (igual que sucede con la profesión médica, en la que parte considerable de la investigación procede de la práctica) pero que se enfrenta a serios problemas al no tratarse la pedagogía de una disciplina (como la filosofía) ni de una ciencia (como la sociología)[6].

Esas cuatro tareas, directamente referidas a la o las disciplinas para las que la oposición[7] (no necesariamente la titulación de origen) ha habilitado, no bastan para educar, ya que la práctica educativa es siempre una práctica relacional; hay que tener en cuenta al alumnado con quien se trabaja. En secundaria, se trata de jóvenes adolescentes, en proceso de exploración y descubrimiento de su propia identidad, expuestos a estímulos informativos de todo tipo y que acuden a una institución que sigue funcionando como hace décadas, cuando la educación secundaria era optativa y para una minoría y no parte de la garantía del derecho a la educación que, por eso mismo, es universal y de masas. Son personas jóvenes que necesitan atención, escucha, posibilidades de probar y probarse, aprender y equivocarse para aprender también; necesitan tiempo, espacio y confianza. Por eso, la tutoría en educación

---

[6] Como nos recuerdan Carles y Francesc Hernández en este volumen.
[7] O el contrato en un centro concertado o privado.

secundaria es importante, y no hay docente que pueda evitar esta responsabilidad puesto que no se trata solo de un cargo, sino también de ganarse la autoridad[8].

Cualquier centro escolar es un ecosistema propio que solo funciona gracias a la implicación de sus miembros en funciones y servicios no docentes pero imprescindibles, propios de la organización. La organización escolar, como cualquier organización, tiene dos propósitos: aquél para el que fue creada, la enseñanza conducente al aprendizaje; y su mantenimiento y supervivencia como organización. Cualquier docente está llamado a contribuir de forma activa al trabajo organizativo durante su vida profesional, y prepararse para ello es también importante. Conviene recordar que son las decisiones organizativas (también las de un centro escolar, no solo las de la administración educativa autonómica) las que establecen las posibilidades de llevar a cabo la docencia en las condiciones apropiadas (como, por ejemplo, las enseñanzas transversales o la habilitación de un espacio propio o no para la Educación para la Ciudadanía o para la ciudadanía global[9]). Además, ocupar distintos puestos en la administración educativa (inspección, formación del profesorado, servicios de distinto tipo) es una de las vías de promoción y carrera profesional que, teniendo relevancia para la práctica, sirve también para tomar distancia del trabajo de enseñar y alejarse de las aulas.

En definitiva, la enseñanza es una práctica deliberativa, los problemas que se le plantean a quien quiere enseñar no admiten una única solución ni respuesta, y solo se pueden resolver aplicando una reflexión crítica[10] con criterios profesionales a las situaciones concretas que se presentan.

Lecturas recomendadas

Dubet, F. (2010). *Decadencia de la institución escolar y conflicto entre principios*. Fundació Bofill.

Marhuenda-Fluixá, F. (coord.) (2009). *La educación que no es noticia: voces desde la práctica educativa*. Tirant.

Ruiz, F. i Salinas, D. (2004). *Em fa mal l'Institut*. Bullent.

Trepat, C.A. (2007). *¿Educar sin instruir?* Cristianisme i Justícia.

---

[8] Sobre la juventud en la escuela hay series de TV casi míticas como *Física o Química* o *Merlí*.

[9] De la que hablan María Jesús Martínez y Sara Ibáñez en este libro.

[10] Como la que propone Amparo Zacarés en este libro.

2. Enseñar

La enseñanza es una práctica que encuentra su sentido en procurar que quienes nos escuchan y atienden aprendan. Esto es así aun a sabiendas de que la enseñanza no es la causa del aprendizaje, sino que, bien llevada a cabo, incrementa la probabilidad de que el aprendizaje tenga lugar. Pero, como cualquiera ha experimentado, no hay práctica de enseñanza infalible y que enseñe todo y bien a todo el grupo de jóvenes de un aula. Enseñar es una actividad que sucede en tres momentos: el preactivo, antes de dar clase; el interactivo, durante la docencia, cuando tiene lugar el intercambio de conocimiento; y el postactivo, que sirve para tomar nota de los aprendizajes del alumnado y también para dar lugar a una nueva previsión de la enseñanza subsiguiente con el mismo grupo. Enseña bien quien presta atención a los tres momentos; la buena enseñanza no solo tiene lugar dentro del aula, sino que es consecuencia de lo que le antecede y de lo que le sucede.

2.1. La planificación de la enseñanza

El nombre técnico que se le da a la planificación de la enseñanza es el de diseño del currículo, que básicamente consiste en seleccionar contenido, asignarle el tiempo requerido para enseñarlo y ordenarlo en una secuencia que facilite el aprendizaje, imprimiéndole el ritmo apropiado. No es posible enseñar sin contenido. Enseñar no es un verbo intransitivo; al contrario que educar (que, además, tiene su variante reflexiva, educarse), enseñar es siempre transitivo: alguien enseña algo a alguien.

La planificación debe tener en cuenta el conjunto de jóvenes que forman parte de un curso (y, en la medida de lo posible, sus intereses, necesidades y capacidades idiosincrásicas) tanto como el contenido que se ha de enseñar. La selección del contenido viene predeterminada por el currículo oficial que, aunque se define como un currículo de mínimos tiende, como los gases, a expandirse y ocupar todo el espacio disponible, de forma que con frecuencia el currículo de mínimos se convierte en uno de máximos[11], lo que dificulta la tranversalidad[12].

La selección y distribución del contenido se lleva a cabo con distintos grados de precisión dependiendo del horizonte temporal: cuando se planifica un grado de formación profesional o un curso de secundaria, la administración asigna horas semanales a cada asignatura. El profesorado de un centro decide entonces cuánto tiempo va a dedicar a cada tema a lo largo del curso (según la importancia y dificultad) y en qué orden va a presentar esos temas. A partir de aquí, el contenido pasa a segundo plano y es la variable tiempo la que toma la iniciativa: con el horizonte del curso en mente, se planifica por trimestres, debido a las interrupciones de las vacaciones escolares; trimestres que suelen ir emparejados con periodos de evaluación. Ya dentro de cada trimestre, es cada docente quien va preparando sus clases tema a tema, semana a semana, día a día.

Dado que la asignación del contenido se hace con distinto horizonte temporal, el énfasis de cada nivel de planificación (de curso o anual, por ciclo de evaluación o trimestral, por tema, semanal…) será distinto. En la anual tienen más importancia los objetivos o competencias que se quieren alcanzar, en el trimestre el contenido secuenciado y con la atribución de tiempo y, en la planificación más próxima al momento de dar clase, son las actividades de enseñanza y aprendizaje las que importan. Así pues, cada nivel de planificación tiene un contenido, extensión y estructura distinta, puesto que el foco no es el mismo según el plazo de tiempo para el que se planifica. Una planificación de curso no es la suma de planificaciones trimestrales, ni estas la suma de unidades didácticas; sino que su extensión, apariencia y funcionalidad han de ser bien distintas.

El trabajo de planificar, en cualquier caso, tiene que resultar útil para el profesorado, no se trata de un trámite burocrático que haya que presentar ante la dirección del departamento, del centro o de la administración educativa: O la planificación es un instrumento al servicio de la práctica de la enseñanza y se hace de ese modo, o se convierte en un trabajo tedioso, inútil y engañoso y que valdría la pena desterrar.

---

[11] Sobre este asunto volveremos al abordar la evaluación de los aprendizajes, por sus repercusiones
[12] De la que nos hablan María Jesús Martínez y Sara Ibáñez en su capítulo.

Algún día, algún año[13], las autoridades educativas tomarán por fin conciencia de esto y aliviarán el trabajo del profesorado, permitiéndoles pensar más y mejor en la enseñanza.

Lecturas recomendadas

Fairstein, G.A. y Gyssels, S. (2003). *Cómo se enseña*. Fe y Alegría – SM, caps. 1 a 3.

Gimeno, J. (2011). *Diseño, desarrollo e innovación del curriculum*. Morata.

Lundgren, U.P. (1992). *Teoría del curriculum y escolarización*. Morata.

2.2. La elección y/o la elaboración de materiales docentes

En realidad, la selección o elaboración de materiales tiene estrecha relación con la planificación de modo que, algunas editoriales de libros de texto, ofrecen al profesorado plantillas de planificación ya completadas y ajustadas, cómo no, al libro de texto seleccionado; con lo que se resuelve el trámite burocrático a pesar de tratarse de un trabajo inútil. De hecho, se puede hablar de un mercado de libro de texto en el que, si bien participan muchas editoriales nacionales[14] e internacionales (en formación profesional y enseñanza de idiomas extranjeros abundan más), la cuota de mercado principal se la reparten entre unas pocas que poco han variado desde los años Setenta, cuando se abrió un nicho de mercado. El libro de texto se tendría que elegir o construir a partir de la planificación, y no a la inversa.

Sin embargo, el libro de texto suele ofrecer una estructura estandarizada que atribuye la misma extensión escrita e inversión de tiempo a cada unidad temática. Estas, a su vez, se reparten por trimestres a lo largo del curso, de modo que acaba convirtiéndose en una planificación de unidades temáticas ordenadas de tal manera que, reunidas en conjunto, prácticamente sirven a modo de planificación anual. Esto resulta contradictorio con lo que debe ser una planificación y la conveniencia de que se realice en distintos niveles u horizontes temporales. Por otra parte, es una invitación a la redundancia del profesorado, ya que cualquiera podría utilizar el libro de texto

---

[13] O alguna era, como en uno de los chistes de Forges.

[14] https://anele.org

como guía para enseñar, siendo el profesorado fácilmente reemplazable, y sin necesidad de recurrir a la inteligencia artificial.

Dado que los libros de texto se eligen antes de finalizar el curso anterior (siempre que la normativa permita renovarlos), acaban convirtiéndose en el precedente de la planificación, cuando el proceso tendría que ser a la inversa, la elección tendría que estar sujeta a la planificación.

Esta circunstancia, la *alteración del orden*, es algo que sucede más veces en la organización del sistema escolar, como cuando la decisión sobre las asignaturas precede a los objetivos o las competencias, o como cuando cada una de las etapas educativas cobra sentido por sí misma y se desentiende del sentido de la escolaridad (obligatoria o no). No está de más recordar aquí que la educación de cualquier joven es fruto de la intervención de un grupo numeroso de docentes a lo largo de su escolaridad, junto a sus familiares, sus pares y, cómo no, los medios de comunicación social entre los que hoy en día hay que incluir también a las redes sociales.

Dada la relevancia de los libros de texto, conviene tener claros los criterios de selección, que tienen que ver con la veracidad y precisión de las informaciones que contienen de cada asignatura como también con su manipulación didáctica, incluyendo las actividades que proponen para el aprendizaje. La alternativa de prescindir de libros de texto puede darse bien mediante la utilización de una buena biblioteca de aula o centro como, por otra parte, mediante la elaboración de materiales curriculares propios, un trabajo costoso y que tiene más posibilidades de prosperar cuando se realiza en grupo, con docentes del mismo u otros centros[15]. En la medida en que grupos de docentes se organizan, los materiales curriculares que proponen también se pueden encontrar en el mercado o bien ser de acceso abierto[16], pero con frecuencia no cubren todo un curso, sino habitualmente un tema o un conjunto de temas.

---

[15] https://geaclio.wordpress.com

[16] https://intef.es/recursos-educativos/
https://ceice.gva.es/es/web/innovacion-educacion/recursos-educativos
https://aprendoencasa.educacion.es/familias/secundaria-y-bachillerato/
https://repositori.educacio.gencat.cat

También hay agencias externas, oficiales o privadas y, entre estas, con y sin ánimo de lucro; que preparan materiales curriculares para hacerse presentes, para 'colar' dentro de las aulas sus mensajes, cada cual en función de su interés, heterogéneos, ya sean a favor de la sensibilidad medioambiental, la libertad del pueblo saharaui o palestino, la educación vial, prevención de adicciones o de la violencia de género, educación financiera, etc. Sin embargo, no suelen ser materiales adaptados ni a asignaturas ni a cursos concretos, por lo que su encaje es más complejo y su incidencia en las aulas menor.

Lecturas recomendadas

AA.VV. (2008). *Materiales curriculares para la innovación y la investigación en el aula*. Díada.

Rodríguez Rodríguez, J. (coord.) (2023). *Discusiones actuales alrededor del libro de texto escolar*. Octaedro.

2.3. La docencia: la enseñanza en acción

La enseñanza es una práctica, un quehacer, y una práctica que solo se realiza en relación y, además, una relación intergeneracional[17], puesto que la diferencia de edad es valor y condición. Gary Fenstermacher ya advertía hace varias décadas que la relación entre enseñanza y aprendizaje no es de causalidad, sino de dependencia ontológica, aclarando que es la enseñanza la que depende del aprendizaje, que es el que le da sentido como actividad profesional remunerada. No es lo mismo enseñar que enseñar bien; y es esto último lo que importa, enseñar de forma que aumenten las probabilidades de aprender.

No hay una única manera de enseñar. Tampoco existe la mejor forma de enseñar bien algo. Porque la enseñanza es una práctica relacional, y debe tener en cuenta tanto lo que se enseña como a quién se enseña y, por tanto, también hay que contemplar el contexto en el que tiene lugar esa práctica. Así pues, enseñar bien supone saber enseñar de distintas formas y, además, saber elegir la forma más indicada en cada situación.

---

[17] Lo que invita a profigurar, tal y como sugiere Pepe Beltrán en su capítulo.

Es en la interacción docente-discente donde se desvelan las oportunidades concretas de aprendizaje que se proponen al alumnado, donde se ponen de manifiesto los 'verbos de acción', por utilizar la expresión de José Luis Corzo, donde se pone en juego qué es lo que hay que hacer para poder aprender[18]. Así pues, en primer lugar, la práctica de enseñanza consiste en proponer actividades de aprendizaje al alumnado, que tengan sentido y que tengan estructura, siempre en torno al contenido concreto que se desea adquirir, ya sea de tipo conceptual, procedimental o actitudinal; teórico, práctico, emocional, relacional, personal; de cualquier tipo que sea.

En segundo lugar, además de las actividades propuestas al alumnado, el profesorado ha de conseguir transmitir el sentido de la actividad para promover la implicación del alumnado en la tarea. Esta implicación en la tarea puede ser fruto de percibir el sentido; pero también de la satisfacción que pueda obtenerse mediante la participación en la tarea; del sentimiento de competencia y capacidad (poca gente se embarca en una aventura para la que no se siente capacitada); del reconocimiento que pueda encontrar, tanto en el propio grupo como por parte del profesorado; del interés y curiosidad de quien aprende y; por supuesto, de la utilidad percibida de la implicación en la tarea, así como de las expectativas sobre los resultados de aprendizaje. Se ha escrito mucho sobre motivación, pero lo importante para la actividad docente es tener claro que, sea cual sea la motivación para aprender, cualquiera es buena si consigue embarcar al alumnado en las tareas de aprendizaje propuestas por el profesorado, puesto que cualquiera de las vías de acceso a la motivación predispone de alguna manera a la curiosidad[19], a la posibilidad, si no al deseo, de aprender.

En esa implicación también desempeña un papel muy importante la relación personal que se establece entre docente y discente, en la que quien aprende pueda apreciar que quien enseña se preocupa por su aprendizaje y su bienestar como persona, que se hacer cargo de su educación y no la rehúye, que confíe en su capacidad de aprender, pues solo así se pueden sentar las bases para que, a su vez, quien aprende confíe también en la capacidad de enseñar de quien tiene enfrente. Sobre esa relación personal, sobre el vínculo entre docente y discente, se ha escrito mucho pero

---

[18] Una expresión que prefiero a la de «situaciones de aprendizaje», últimamente en boga.

[19] A la vez condición y meta de la enseñanza, como recuerda Amparo Zacarés.

probablemente una de las personas que mejor lo haya explicado haya sido Max Van Manen, quien empleó la noción de *sensibilidad pedagógica*, expresada en el *tacto* y el *tono pedagógico*, lo que remite a las competencias que ha de tener el profesorado, a saber enseñar, a saber enseñar bien en su doble acepción, enseñar de forma efectiva y enseñar también de forma éticamente aceptable, lo que implica enseñar algo que valga la pena, es decir, insistir en la misión civilizadora o ilustrada[20] que tiene la enseñanza[21].

Podríamos pensar que la buena enseñanza depende de rasgos de personalidad del docente o de su destreza en el manejo de determinadas competencias, pero esto son cualidades que en realidad se refieren al *estilo de enseñanza*, que puede ser personal y que es más difícilmente controlable. Podríamos pensar en una dimensión más aplicada, que remite a la profesionalidad del docente y a su capacidad para escoger la forma de enseñar apropiada a cada grupo y momento del curso escolar, para determinar qué *estrategia de enseñanza* proponer, en la acepción utilizada por Gabriela A. Faierstein y Silvana Gyssels (2003), o bien para escoger el *modelo de enseñanza* más apropiado a una situación concreta, utilizando ahora la expresión de Bruce Joyce y Marsha Weil (2002): Cada modelo tiene su propia gramática (sintaxis), por lo que no basta con seguir los pasos y requerimientos (roles y sistema social o clima de aula), sino que es imprescindible asegurar que se dan las condiciones (principios de reacción y sistema de apoyo) para poder aplicar ese modelo y que obtenga los resultados esperados (efectos, tanto didácticos o a corto plazo como educativos o a largo plazo). Enseñar bien, dar clase bien, consiste en saber escoger el modelo apropiado y aplicarlo en las condiciones requeridas. Como la cocina, la enseñanza requiere cuidar los ingredientes, pero también los tiempos de preparación, la forma de elaboración, así como la presentación.

Más allá de los estilos personales y de las capacidades profesionales, cada docente tiene además su propia ideología y forma de entender en qué consiste la enseñanza, lo que Gary Fenstermacher y Joas Soltis (1999) han denominado *enfoques de enseñanza*. De nuevo aquí conviene realizar una precisión: se puede ser buen docente

---

[20] De nuevo Amparo Zacarés utiliza esta expresión, que coincide con la formulación clave de los estudios del curriculum: ¿qué contenido vale la pena enseñar?

[21] Vale la pena referirse aquí a la historia de la educación moral en España explicada por Félix García Moriyón (2011). El troquel de las conciencias. De la Torre.

sea cual sea el enfoque de enseñanza en que cada cual se sitúa, lo importante es tomar conciencia de cuál es el enfoque al que cada cual se adscribe y buscar que la práctica sea coherente con ese enfoque.

Las diferencias entre *estilo, estrategia* y *enfoque de enseñanza* tienen que ver tanto con la personalidad (que puede evolucionar a lo largo del tiempo) como con la ideología (que suele ser relativamente estable) y, por supuesto, con la profesionalidad: son los modelos y las estrategias lo que más depende de la profesionalidad de cada docente y, en este sentido, cualquiera que enseñe bien o muy bien pero de una única forma está dificultando la posibilidad de aprender en sus clases a parte del alumnado. Enseñar bien consiste en ser capaz de enseñar de varias maneras y, por lo tanto, no es algo exclusivamente vinculado a la interacción docente, a la enseñanza en acción, sino que tiene mucho que ver con los criterios profesionales con los que se toman las decisiones, con el pensamiento profesional docente y, por lo tanto, con la planificación y la selección de materiales. De ahí la importancia de entender la planificación como una tarea profesional y no burocrática, así como de elegir libros de texto o elaborar materiales curriculares conscientes del modelo de enseñanza, de la estrategia de enseñanza que encierran.

Lecturas recomendadas:

Alonso, J. y Caturla, E. (1996). *La motivación en el aula*. PPC.

Corzo, J.L. (2007). *Educar es otra cosa*. PPC.

Fairstein, G.A. y Gyssels, S. (2003). *Cómo se enseña*. Fe y Alegría – SM, cap. 4.

Fenstermacher, G. y Soltis, J. (1999). *Enfoques de enseñanza*. Amorrortu.

Joyce, B. y Weil, M. (2002). *Modelos de enseñanza*. Gedisa.

Merieu, P. (2004). *En la escuela hoy*. Octaedro.

Morales, P. (1998). *La relación profesor-alumno en el aula*. PPC.

Perrenaud, P. (2006). *El oficio de alumno y el sentido del trabajo escolar*. Popular.

Van Manen, M. (1998). *El tacto en la enseñanza*. Paidós.

Van Manen, M. (2004). *El tono en la enseñanza*. Paidós.

2.4. La evaluación de los aprendizajes[22]

---

[22] En esta sección hablo de la evaluación de los aprendizajes del alumnado en el aula tal cual la valora el profesorado, no de las evaluaciones internacionales como PISA, a las que se refieren Carles y

Podríamos discutir si la evaluación es un elemento más del diseño y desarrollo del currículo o si constituye un sistema aparte con sus propias reglas, dada la importancia que tiene y cómo afecta a la práctica de enseñanza. Si en los puntos 2.1 a 2.3 he propuesto una enseñanza a partir de intenciones de aprendizaje, en realidad es la evaluación la que pone de manifiesto qué es lo que verdaderamente nos importa como docentes. Parafraseando el refranero popular, dime cómo evalúas y te diré cómo enseñas … o, al menos, cómo deberías enseñar, si es que quieres que tu alumnado tenga éxito y que la mayoría, si no la totalidad, llegue a aprender lo que esperas que aprendan, lo que da sentido a tu trabajo.

Aunque solemos pensar en la evaluación al final (al final de un tema, al final de un trimestre, al final del curso), haríamos bien en tener prevista con anticipación la evaluación que queremos hacer: qué queremos evaluar (cuál va a ser el contenido sobre el que vamos a centrar la evaluación de los aprendizajes), así como la forma en que queremos evaluar (cómo vamos a llevar a cabo la evaluación): Qué vamos a pedir al alumnado que haga con el contenido, qué tipo de manipulación, operaciones, tratamiento … esperamos que sea capaz de demostrarnos; de qué forma ha de aportar evidencias de que sabe aquello que queríamos que aprendiera y, a ser posible, de que lo sabe de forma duradera y no pasajera y con fecha de caducidad.

Si analizamos lo que queremos evaluar, el primer asunto al que debemos prestar atención es el de cuánto aprendizaje consideramos suficiente o, por decirlo de otra manera, cuál es el mínimo de aprendizajes[23] que esperamos que haya adquirido el alumnado gracias a nuestra enseñanza. Podríamos incluso precisar más, indicando que lo que nos interesa no es sólo cuál es el mínimo, cuánto ha de saber, sino cuál es el mínimo suficiente y correcto, qué debe haber aprendido suficientemente bien, no a medias, libre de errores.

En este sentido, tendríamos que diferenciar dos cuestiones: dónde se establece el mínimo y si ese mínimo es global, para el conjunto de una asignatura o saberes del tipo que sean, o si hay un mínimo exigible en distintos apartados (en el caso de

---

Francesc Hernández de forma genérica y María Jesús Martínez y Sara Ibáñez específicamente sobre la competencia de ciudadanía global incorporada en 2018.

[23] El mínimo de aprendizajes exigibles es lo que suelen determinar las administraciones educativas, si bien hay una mentalidad generalizada de que lo que pautan las administraciones es en realidad un máximo, que ocupa todo el tiempo escolar, como explicamos en el punto 2.1.

lenguas, por ejemplo, un mínimo para vocabulario, otro para expresión –oral y escrita–, otro para comprensión –oral y escrita–, otro para gramática; o en el caso de matemáticas, un mínimo para aritmética, otro para estadística, otro para geometría, …; en fin, algo que podríamos fijar para cada una de las asignaturas).

Si hablamos de una enseñanza por competencias, el mínimo resulta aún más claro, puesto que es lo que diferencia el apto del no apto, la aptitud de la ineptitud. Una vez superado el límite del apto, podríamos hablar de distintos niveles de competencia (pero no de incompetencia, que no tiene niveles, sino que es una cuestión de umbral de mínimos) y, así, tal vez, determinar también un valor de excelencia. En realidad, lo fundamental respecto a una competencia es el nivel de aptitud suficiente.

Hablar de mínimos nos lleva también a hablar de máximos, porque la evaluación desempeña varias funciones en la educación secundaria (y en la formación profesional, y en la educación de personas adultas), en la medida en que certifica aprendizajes y les concede un valor público y oficial y, por lo tanto, invita a establecer clasificaciones o escalas. Esto tiene a su vez dos problemas. El primero, que se trata la evaluación de aprendizajes como si estuviéramos en una competición cuando, sin embargo, en la medida en que cualquiera tiene el derecho de aprender y cualquiera tiene capacidad de aprender[24], en la práctica educativa no debería tener cabida la competición: no hay un podio al final de un curso, sino que cada cual tiene su propio podio, y lo importante no es aprender antes que el resto, sino llegar a aprender al menos lo suficiente, es decir, lo imprescindible. En eso consiste el derecho a la educación, que a su vez justifica la obligatoriedad de la escolaridad.

El segundo problema consiste en que la evaluación, que podría ser un ejercicio de suma (ir apreciando lo que sabe el alumnado, lo que ha aprendido) se convierte casi siempre en un ejercicio de resta: Si la respuesta correcta a un ejercicio equivale a la calificación máxima, desde que comienza la corrección se va rebajando esa posible calificación en función de los errores cometidos en las respuestas. De este modo, la evaluación acostumbra a fijarse en los errores más que en los aciertos, y eso acostumbra también a la gente a percibir la evaluación como un ejercicio negativo,

---

[24] Hay gente que tiene limitadas sus capacidades de aprendizaje, pero todo ser humano tiene un potencial de aprendizaje que se puede aprovechar y, en la medida en que se aprende, puede ser posible amplificar ese potencial.

que trata de 'pillar' más que de reconocer, que nos vuelve suspicaces y nos invita a ocultar nuestros errores en lugar de a admitirlos para poder aprender de ellos. Sin embargo, nuestra experiencia de aprendizaje en la vida cotidiana nos enseña que de los errores se aprende (o se puede aprender, aunque cueste).

Si, además, la evaluación se realiza de este modo con cierta frecuencia (lo que muchas veces se denomina, de forma equívoca y confusa, como evaluación continua); acaba convirtiéndose en un ejercicio constante de competición que poco contribuye al aprendizaje y que, además, lastra el reconocimiento del aprendizaje al final del curso o ciclo (cuando en principio termina la relación educativa, al final de la práctica) porque va mermando, en ese ejercicio de resta, la obtención de una buena calificación que muestre y reconozca el resultado final de aprendizaje. Una competición deportiva permite sumar puntos a lo largo de una temporada, establecer eliminatorias para pasar a la fase siguiente; pero la educación no es eso, no se puede eliminar a nadie, hay que conseguir llegar al final pudiendo sumar lo suficiente para seguir progresando.

De ahí la importancia de que, durante el curso y antes de otorgar una calificación, la evaluación consista en una información orientada a la corrección y por lo tanto a la mejora tanto de los procesos como de los resultados de aprendizaje del alumnado; para que pueda así aprender más y mejor y, por lo tanto, progresar y desarrollarse, alcanzando al menos los objetivos mínimos propuestos y estando en condiciones de encontrar reconocimiento a dichos aprendizajes y acreditación formal si fuera el caso. En esto tendría que consistir una evaluación formativa, una evaluación con un propósito educativo y no sancionador: solo al final del proceso de aprendizaje (del periodo planificado, ya se trate de un curso, un ciclo o una etapa educativa) debería tener la evaluación una función sumativa o acreditadora, no antes. Quizá el hecho de que recaigan en la misma persona las funciones de enseñar y de evaluar (en tanto que calificar) contribuyan a complicar esta tarea mientras que, en otros contextos (por ejemplo, las autoescuelas donde vamos a sacarnos el carné de conducir) hay una clara división que permite a quien aprende poder apreciar las correcciones de quien enseña, sabiendo que nos corrige para enseñarnos y que no nos tendrá en cuenta los errores cometidos durante el aprendizaje al llegar el momento final del examen ante quien, desempeñando una función diferente, tiene que certificar que hemos aprendido lo suficiente.

Por supuesto, el alumnado aprende más cosas, y otras cosas distintas a las que le hemos tratado de enseñar; pero esto escapa ya al trabajo de evaluar y es uno de los beneficios colaterales de la enseñanza, siempre y cuando se trate de aprendizajes valiosos pues, de lo contrario, sería un efecto colateral negativo.

Lecturas recomendadas:

Álvarez, J. M. (2002). *Evaluar para conocer, examinar para excluir*. Morata.

Fairstein, G. A. y Gyssels, S. (2003). *Cómo se enseña*. Fe y Alegría – SM, cap. 5.

Santos, M. A. (1988). Patología general de la evaluación educativa. *Infancia y Aprendizaje*, 41, 143-158.

3. Educar

Educar es más que enseñar, pero no se puede educar sin enseñar. La educación, en tanto que ejercicio de influencia de una persona sobre otra o sobre un grupo, necesita tener un contenido que la justifique; un contenido que además quien educa ya conoce o posee suficientemente[25], y al que trata de dar acceso al resto de personas que, o bien no lo han adquirido, o bien lo han adquirido con errores que tratará de subsanar la práctica educativa.

En el caso de la educación secundaria, de la formación profesional y de la educación de personas adultas, la educación pasa también por encargarse de la persona en un conjunto más amplio de dimensiones que meramente los aprendizajes académicos, abriendo también la posibilidad a aprendizajes sociales y de desarrollo personal y, sin duda, de formación ciudadana[26]. En la educación secundaria, las personas están conformando su identidad, y esta etapa educativa también debe contribuir a ello, a que descubran sus potencialidades y puedan desarrollarlas en beneficio tanto personal como de la sociedad en la que viven. Esto requiere dar a la gente la posibilidad de explorar y también la posibilidad de equivocarse, dar tiempo para ese crecimiento

---

[25] Que es lo que permite que pueda enseñarlo, ya que es muy difícil enseñar lo que no se sabe, aunque nos invite a ello Rubem Alves (2007).

[26] Como la que reclaman en estas páginas Amparo Zacarés, María Jesús Martínez, Sara Ibáñez y Pepe Beltrán.

personal, así como habilitar los espacios en los que pueda compartir su experiencia e inquietudes; pero siempre sobre una base de confianza, seguridad y alguna certeza, conscientes además de que no todo vale, pues educar también es corregir[27].

En esta sección, me detendré en la tutoría, una función imprescindible en secundaria pero habitualmente fuera de la formación en los planes de estudio, así como en su dimensión más intensiva, la del acompañamiento pedagógico, a partir del modelo de las escuelas de segunda oportunidad.

3.1. La tutoría

La tutoría, la asignación de la responsabilidad a un miembro del claustro de un grupo de jóvenes a lo largo del curso, suele percibirse como un espacio vacío de contenido y que se ha de rellenar con actividades (más que con aprendizajes) con cierta frecuencia desconectados y oportunistas, sin una planificación clara. Una evidencia más de la poca importancia que recibe la tutoría es que carece de evaluación, que lo que en ella se hace no necesita ser comprobado, como si fuera una actividad ajena al aprendizaje, un espacio de distracción y entretenimiento y no de crecimiento y maduración en el que se abordan contenidos que vale la pena aprender.

Se suele aprovechar la tutoría para incorporar asuntos que habitualmente quedan al margen del currículo escolar pero que la sociedad de vez en cuando reclama, como si la educación fuera la respuesta a muchos de sus males[28]. Con frecuencia, se presentan en la tutoría sesiones de carácter informativo o preventivo, para las que el profesorado acostumbra a recurrir a propuestas y materiales preparados fuera de la escuela y que, por lo tanto, no tienen referencia concreta ni a asignaturas en particular ni a edades ni cursos concretos, como si presentarlos ante la audiencia cautiva de la escuela de una vez y por todas fuera suficiente para su aprendizaje y consolidación como saber útil para la vida.

---

[27] Y cuando no hay corrección, no hay enseñanza, sino mera expresión, como nos recuerda la propuesta artística de Arno Stern, que huía de toda pretensión de influencia educativa, tal cual relata también su hijo André Stern.

[28] Este es uno de los espacios que pretenden aprovechar numerosas iniciativas privadas con y sin afán de libro, presentando propuestas educativas y materiales curriculares para abordar, en la hora de tutoría, aquellos contenidos que mal encajan en las asignaturas oficiales del currículo.

Así, ocupan la tutoría asuntos como la prevención del acoso escolar, las adicciones (a sustancias adictivas, al juego, a las redes sociales, a las pantallas), las relaciones sexuales y la educación sexual, la educación medioambiental y para la sostenibilidad, la educación para la salud, la educación vial… Lo que hace tres décadas recibió la denominación de ejes transversales de la educación, lo que hoy en día se presenta también como los ODS[29] llevados a la educación, consiste en contenidos educativos que tienen relevancia pero que, al permanecer ajenos a las asignaturas que conforman el currículo (y consiguientemente a los horarios, a los boletines de evaluación, a las especialidades docentes, a las oposiciones de acceso al ejercicio a la profesión), no reciben suficiente atención, son percibidos por el alumnado como contenidos poco relevantes, no se evalúa su adquisición y en ocasiones están más cercanos a una comunicación consistente en propaganda que a una auténtica comunicación educativa. Quiero añadir aquí que algo tan relevante como la educación para la paz ha ido desapareciendo de las propuestas de organismos tanto internacionales como sin ánimo de lucro[30], mientas no conseguimos deshacernos, como humanidad, de las guerras ni del aumento de presupuestos militares, del viejo *si vis paces para bellum* romano, quizá pragmático, pero más propio de una mentalidad imperialista que de una propiamente civilizadora.

Mientras la tutoría se va ocupando de estos contenidos, se convierte en un espacio más de enseñanza y algo menos educativo. Sin embargo, la tutoría sería el espacio idóneo, tanto en su concepción grupal como en la individual, para poder atender a otras necesidades educativas y de desarrollo del alumnado, en las que el profesorado pueda desempeñar el papel de una persona adulta en la que confiar, relevante también en la formación, dispuesta a escuchar, atender y orientar si fuera preciso, así como a apoyar en la búsqueda de recursos y personas relevantes que puedan ayudar a cada joven a seguir su propio camino. Una vez más, se pone de manifiesto el carácter intergeneracional de la relación de enseñanza, algo que conviene recordar en una época en la que tanto se promueve el aprendizaje entre iguales.

---

[29] https://www.un.org/sustainabledevelopment/es/objetivos-de-desarrollo-sostenible/
Aquí podríamos incluir también las propuestas de educación para la ciudadanía global que plantean María Jesús Martínez y Sara Ibáñez.

[30] En España uno de los resquicios en los que se mantiene viva es en la *Universitat Internacional de la Pau* https://www.unipau.org

Por otra parte, también podría esperarse de la tutoría que asumiera el seguimiento global de los aprendizajes del alumnado, prestando atención a sus potencialidades, que con el tiempo se acabarán convirtiendo en elecciones de carrera. Y, por supuesto, es el espacio oportuno en el que identificar las problemáticas en los procesos de aprendizaje y tomar así medidas para mejorar dichos procesos, reforzar aprendizajes, buscar apoyos en las familias para, en definitiva, conseguir impulsar al alumnado hacia la adquisición de aprendizajes y un desarrollo educativo equilibrado.

La tutoría tendría que ser más espacio de relación y menos espacio docente. La tutoría tendría que permitir el trabajo en grupo pero también el trabajo individual; al igual que el trabajo con las familias, para buscar su apoyo y complicidad. Igualmente, una buena tutoría requiere implicar también a parte del claustro en la búsqueda de solución a los problemas de aprendizaje; así como en buscar las condiciones (también las organizativas) que permitan hacer de la escuela un espacio de reconocimiento, de confianza, de capacitación y desarrollo profesional. La tutoría necesita formación y, lamentablemente, en los planes de estudio de profesorado brilla por su ausencia.

Así pues, la tutoría desempeña, o podría desempeñar, una función más próxima a la orientación que a la enseñanza, ofreciendo pistas, pero otorgando un margen de libertad al alumnado para ir explorando opciones y tomando sus propias decisiones; pero sujeto a corrección, ya que se trata de formar a personas adultas, conscientes de su responsabilidad ciudadana con la Humanidad y la Naturaleza; y es que no todo sirve.

Mención aparte merece el caso de la formación profesional, en el que la tutoría se encarga además de la iniciación profesional, de dar los pasos necesarios para la aproximación a una comunidad de práctica; a sentar las bases para el desarrollo inicial de la carrera. Demás, en formación profesional interviene otra persona, quien asume la tutoría desde la empresa, con lo cual el rol está desempeñado por dos personas adultas, una de ellas además ejerciendo un trabajo no docente[31], lo que contribuye a facilitar no solo la transición hacia el empleo (o la vida activa), sino también hacia la vida adulta[32]. El que el profesorado de formación profesional tenga que ir también a

---

[31] https://www.fundacionbertelsmann.org/publicaciones/analisis-de-las-competencias-de-los-tutores-de-empresas-de-fp-dual/

[32] https://www.fundacionbertelsmann.org/publicaciones/guia-opc_profesor-orientador/

visitar los centros donde el alumnado realiza sus prácticas (*formación en centros de trabajo*) permite establecer unos vínculos distintos, puesto que el profesorado sale de los muros de la escuela y se encuentra en un entorno ajeno y en cierto modo neutral, las empresas que se han prestado a ofertar plazas de prácticas.

Lecturas recomendadas

Alves, R. (2007). *La alegría de enseñar*. Octaedro.

Cerdà-Navarro, A., Sureda-García, I., & Salvà-Mut, F. (2020). Intención de abandono y abandono durante el primer curso de Formación Profesional de Grado Medio: un análisis tomando como referencia el concepto de implicación del estudiante («student engagement»). *Estudios sobre Educación*, 39, 33-57. https://doi.org/10.15581/004.39.33-57

Marhuenda-Fluixá, F. y Chisvert-Tarazona, M.J. (coords.) (2021). *Resultados del modelo de las escuelas de segunda oportunidad acreditadas en España*. Asociación Española de Escuelas de Segunda Oportunidad.

González González, M. T. (2017). Desenganche y abandono escolar y medidas de re-enganche: Algunas consideraciones. *Profesorado. Revista de Currículum y Formación del Profesorado*, 21 (4), 17–37. https://doi.org/10.30827/profesorado.v21i4.10043

Olmos Rueda, P.; Mas Torrelló, O.; Salvà Mut, F. (2020). Perfiles de desconexión educativa. *Revista de Educación*, 389, 69-94.

3.2. Acompañamiento educativo: qué podemos aprender de las escuelas de segunda oportunidad[33]

En la sección anterior he mencionado apenas la orientación como una de las posibilidades que encierra la tutoría. En esta sección, me detengo con más detalle en una modalidad de orientación intensiva, que se practica en las escuelas de segunda oportunidad, que ofrecen formación secundaria y profesional a jóvenes a quienes el sistema educativo ha expulsado, y que ponen de manifiesto que es posible educarles también y que se trata de jóvenes con interés en educarse y crecer, a pesar de un historial académico o convivencial que la escuela considera como conflictivo, desechable o incluso despreciable. Es una función más propia de la educación social que de la profesión docente en sí, pero esta función, bien llevada a cabo, con

---

[33] https://www.e2oespana.org

profesionalidad, permitiría mejorar las condiciones de trabajo en el sistema escolar y, por consiguiente, también sus resultados.

Estas escuelas funcionan en torno a un trabajo de acompañamiento educativo que hace que la función de tutoría recaiga no solo sobre una persona sino sobre varios miembros del claustro, de tal manera que son varias las personas adultas que conocen, se interesan y se hacen cargo del seguimiento de cada joven. Este conocimiento es posible porque se dedica tiempo a cuidar la relación educativa para ganarse una confianza y poder ajustar también la oferta educativa a las necesidades y los ritmos de cada joven para, de este modo, sentar las bases para que la práctica de enseñanza tenga más probabilidades de prosperar en su afán de provocar aprendizajes valiosos.

Para ello, la evaluación diagnóstica individualizada desempeña un papel importante y se centra no solo en los saberes académicos, sino también en los intereses, curiosidades, necesidades pero también capacidades de cada joven, lo que puede servir para incorporar esa información a la toma de decisiones sobre la agrupación del alumnado, buscando así entornos de confianza y reconocimiento que permitan, a la larga, que cada joven *sea* capaz y *se sienta* además capaz, sea y se sepa competente.

Esta atención individualizada, frente a la homogeneización y estandarización habituales en el sistema escolar, permite satisfacer las necesidades de cada joven de forma integral, invitándole así a involucrarse en las actividades de aprendizaje con expectativas de éxito. Sin duda, esto es posible porque hay una concepción distinta de la evaluación y un tratamiento distinto del tiempo, que se percibe como un elemento más del proceso de aprendizaje y no una presión limitante; centrando la evaluación en los procesos y las capacidades, con una finalidad formativa y no competitiva, pero con el éxito final como horizonte de sentido.

El acompañamiento requiere tiempo, se plantea a medio plazo, su horizonte siempre supera el de un curso escolar, exige un compromiso bidireccional en el que el profesorado también se implica en el desarrollo del alumnado, y cuenta con el apoyo de la dirección del centro para poder llevarlo a cabo. Los resultados de aprendizaje valiosos son fruto del largo recorrido y, a veces, precisan de un tiempo de barbecho. Pocos aprendizajes valiosos se aprenden en un breve lapso[34].

Obviamente, no cualquier joven precisa de un acompañamiento educativo que podríamos calificar de profesional, dado que son mayoría quienes disponen de ese acompañamiento entre sus familiares y sus iguales; pero precisamente por eso se trata de un apoyo imprescindible para quienes carecen de esos recursos, entre quienes se encuentran la mayor parte de jóvenes en el sistema de protección de menores así como un número considerable de origen migrante; al igual que quienes arrastran experiencias negativas en el sistema escolar.

Lecturas recomendadas

Marhuenda-Fluixá, F. y Chisvert-Tarazona, M.J. (coords.) (2021). *Resultados del modelo de las escuelas de segunda oportunidad acreditadas en España*. Asociación Española de Escuelas de Segunda Oportunidad.

Martínez-Morales, I. (coord.) (2020). *La formación en las escuelas de segunda oportunidad acreditadas en España: perfil, trayectoria y condiciones de éxito de los y las jóvenes*. Ministerio de Educación y Formación Profesional.

4. Trabajar en un centro educativo: la organización de la enseñanza

La enseñanza, desde mediados del siglo XIX y, en especial, desde mediados del siglo XX, por su carácter universal y masivo, condiciones necesarias para garantizar el derecho a la educación, es una práctica organizada, que tiene lugar dentro de una institución, la escuela, cuya relevancia en las sociedades modernas es indudable, pese a que se cuestione el mantenimiento de varias de sus características, que no su permanencia como institución.

¿Por qué debe interesar a cualquier docente la organización, la institución? Las posibilidades de enseñar, de poner en práctica la enseñanza que cada cual quiere

---

[34] De la importancia del recorrido, del camino, del proceso, da cuenta Pepe Beltrán en su *Carta a Alicia*; pero también podemos recordar el poema *Viaje a Ítaca*, de Constantin Kavafis, o el libro de José María Cabodevilla (1996). *Juego de la oca o guía de caminantes*, PPC.

practicar, pasan porque la organización consienta y facilite esas prácticas, que no haya constricciones de espacio ni tiempo que las hagan inviables. Cuestiones tan prosaicas como la elaboración de los horarios o la asignación de aulas tienen relevancia sobre la práctica y, con demasiada frecuencia, son decisiones que se toman a partir de la tradición y en ocasiones incluso en beneficio de circunstancias personales y no siempre atendiendo a lo que pedagógicamente puede ser más consistente. Es cierto que algunas de esas decisiones vienen determinadas por criterios administrativos, pero otras son propias de cada centro escolar, y aquí es donde el profesorado puede intervenir para tratar de trabajar a favor de la educación y el aprendizaje.

Además, son numerosos los cargos de distinto índole y jerarquía que el profesorado está llamado a ocupar a lo largo de su carrera profesional, dentro del centro o en la estructura de la propia administración educativa, por lo que sería muy deseable que la formación inicial del profesorado tuviera también en cuenta esta circunstancia que, como la tutoría, está casi ausente en los planes de estudio de la formación del profesorado de secundaria. Además, en esta etapa se ve claramente que el criterio superior tendría que ser promover el aprendizaje y desarrollo personal, ciudadano y vital, enriquecido por los saberes académicos, por encima de las divisiones en función de las disciplinas de origen o de acceso a la profesión, superando las barreras departamentales para trabajar aunando dirección y sentido del centro escolar. Quizá en la fragmentación elevada entre disciplinas y departamentos, que suele tener su correlato en el periodo de formación inicial, esté uno de los problemas de la educación secundaria.

La conciencia y profesionalidad de quienes ocupan esos cargos, pero también la forma en que se conforman las plantillas, tienen que ponerse al servicio del centro; son responsabilidades que benefician a la colectividad, y debieran asumirse con un sentido pedagógico. Ese liderazgo pedagógico es el que ayuda a convertir el centro en una comunidad escolar, cambiante como no puede ser de otra forma, debido a la constante entrada y salida de alumnado, pero garantizando cierta estabilidad del profesorado para asegurar así un proyecto a medio y largo plazo. La educación tiene efectos siempre a largo plazo, el corto plazo es apropiado para la instrucción más que para la educación.

Por mucho que parezca que la institución escolar es inalterable, hay pruebas evidentes de que no es así, y las encontramos en distintas modalidades y etapas educativas que son capaces de organizarse de otra forma, más flexible y más atenta a las demandas de su alumnado: se trata de la formación profesional, cuya cercanía, comunicación y coordinación con las empresas exige una dinámica organizativa diferente; y la educación de personas adultas, que también se rige por unos horarios y una oferta que sean asequibles para un alumnado que, necesitando aprender, acude a hacerlo por necesidad o por voluntad y por lo tanto plantea otras exigencias al profesorado.

Podríamos incluir aquí también otras enseñanzas, como las de idiomas o las artísticas, al igual que las musicales, que siendo parte del sistema escolar tienen una estructura y forma de funcionar claramente diferenciadas y donde el rendimiento se mide con otras claves; al igual que la formación profesional para el empleo, durante décadas fuera del sistema escolar y que solo la reciente ley de 2022[35] trata de asimilar a la formación profesional reglada, con la que ya existían mecanismos de reconocimiento y equiparación.

No hay didáctica sin organización. No es posible enseñar de otra forma si no se dan las condiciones organizativas apropiadas. Quizá uno de los problemas principales de las sucesivas reformas del sistema educativo español sea que hayan sido curriculares y que hayan ignorado la organización de la propia institución. La tradición centralizadora (que una vez cedidas las competencias a las comunidades autónomas se han arrogado estas) es también un obstáculo que diferencia nuestro país de muchos de nuestro entorno, en los que los centros escolares cuentan con mayor autonomía, al igual que la dirección, capaz incluso de tener una palabra, si no una decisión, sobre la incorporación de profesorado a la plantilla del centro.

Lecturas recomendadas

Fernández-Enguita, M. (2016). *La educación en la encrucijada*. Santillana.

Fernández-Enguita, M. y Terrén, E. (2008). *Repensando la organización escolar: crisis de legitimidad y nuevos desarrollos*. Akal.

González, M. T. (2019). El liderazgo pedagógico desde la dirección: una palanca para la mejora escolar. *Cuadernos de Pedagogía*, 503, 65-70.

---

[35] https://www.boe.es/buscar/act.php?id=BOE-A-2022-5139
Desarrollada posteriormente en el Real Decreto aprobado en 2023: https://www.boe.es/diario_boe/txt.php?id=BOE-A-2023-16889

González, M.T. y Bernárdez, A. (2019). Elementos y aspectos del centro escolar y su relación con la desafección de los estudiantes. *Revista de investigación en educación*, 17(1), 5-19.

Marhuenda-Fluixá, F. y Pastor, J. (2023). *Qué educación queremos: propuestas para la próxima década.* Universitat de València. https://hdl.handle.net/10550/85212

5. Algunas revistas de experiencias, reflexión e investigación educativa

Aula Abierta https://reunido.uniovi.es/index.php/AA/index

Bordón https://recyt.fecyt.es/index.php/BORDON

Cuadernos de Pedagogía https://www.cuadernosdepedagogia.com

Enseñanza de las Ciencias https://ensciencias.uab.es

Revista de Educación https://www.educacionyfp.gob.es/revista-de-educacion/numeros-revista-educacion.html

Revista de Investigación Educativa https://revistas.um.es/rie/issue/view/22001

Revista Española de Pedagogía https://www.revistadepedagogia.org

Revista de Sociología de la Educación https://ojs.uv.es/index.php/RASE/index

Rutas de Educación para la Ciudadanía en UNESCO y OCDE: algunas reflexiones para el curriculum español. Una perspectiva de educación comparada

María-Jesús Martínez-Usarralde y Sara Ibáñez Cano, UVEG

Aunque la importancia de la Educación para la Ciudadanía Global (conocida en sus siglas, EPCG) ha crecido en los últimos años y cuenta con un constante estado de la cuestión que lo legitima como uno de los temas de la agenda sociopolítica del siglo XXI, no es, en sí, un fenómeno nuevo (Saito et al., 2023). En efecto, su dilatada trayectoria se justifica desde que, *de facto*, se reflexiona sobre «qué es ser ciudadano/a» en un mundo con acelerados ritmos y cambios, y desde su correlato educativo.

La nueva Ley de educación-LOMLOE supone una renovada organización de las enseñanzas y un cambio en su impartición y evaluación, refiriéndose también de ella el desarrollo de un nuevo currículo educativo, aprobado por el Gobierno central en el Real Decreto 217/2022. En este último se establece la ordenación y las enseñanzas mínimas de la ESO en España.

Eurydice (*European Commission*, 2018) ha identificado tres vías para promover la enseñanza de este tipo de cuestiones: su integración transversal en el currículo, la creación de asignaturas específicas y la inclusión de los contenidos de formación ciudadana como parte de otras asignaturas. El abordaje, en la ley española, de la educación para la ciudadanía global-EPCG, que es el objeto de este capítulo, aprovecha y ejecuta esta triple perspectiva (García-Álvarez, 2023): la transversalización, la asignatura específica de educación en valores cívicos y éticos (artículo 10) y un desarrollo competencial que incluye una competencia específicamente ciudadana y otra en conciencia y expresión culturales (artículo 11).

Desde esta contextualización inicial, en este capítulo es nuestra intención reflexionar sobre cómo la cosmovisión generada sobre EPCG en el sistema educativo español es leída en la LOMLOE desde la mirada que procuran dos organismos internacionales: UNESCO y OCDE. Para ello, en primer lugar, se procura una visión diacrónica a través de la cual poder entender el proceso educativo español acometido para asentar la idea de «Educación para la ciudadanía global» en las últimas leyes españolas. A continuación, es nuestra intención exponer cómo se construye el paradigma de EPCG en dos organismos supranacionales, UNESCO y OCDE, cartografiando para ello sus líneas políticas más idiosincrásicas. Finalmente, un apartado de reflexiones finales nos permite concluir extrayendo cuál es el influjo de ambos organismos sobre el relato que en la actualidad se está haciendo sobre EPCG.

1. Breve historia de Educación para la Ciudadanía en el curriculum español

La corriente de pensamiento sobre el currículum escolar que inspira la teoría de la enseñanza del sistema educativo español mantiene la tesis de que el currículum escolar es socialmente construido (Penalva, 2008), de la misma forma que el conocimiento y el significado de lo que se enseña, además de los procesos de aprendizaje que tiene cada alumno o alumna, para que la enseñanza sea significativa, y se realice un proceso de aprendizaje propio y particular.

Además, el debate sobre la enseñanza y el aprendizaje de los valores dentro del currículum educativo sigue siendo permanente en la educación española. Tradicionalmente, la educación en valores, que podría considerarse también dentro de la denominación de la «educación para la ciudadanía», ha sido relegada de manera común y generalizada al denominado currículum *oculto*, el cual legitima los procesos de socialización que se llevan a cabo en la ejecución de la acción escolar. Da cuenta, precisamente, de aquellos que no son intencionados, aunque su efectividad sea innegable (Díaz, 2005).

Por otro lado, la inclusión de temas transversales en el campo del currículo fue acometida por Coll en 1991 en el contexto de la reforma educativa española. Por 'temas transversales', se entiende que son materias que atraviesan el currículo tanto de forma horizontal como vertical (Álvarez, Balaguer y Carol, 2000; citado en Díaz, 2005), ejes vertebradores del trabajo académico en un mismo ciclo escolar (trimestre, semestre o curso anual), por la posibilidad de ser trabajados en diversas asignaturas en un mismo lapso de tiempo escolar (de ahí su horizontalidad). O bien, pueden constituirse en elementos que atraviesen varios ciclos de organización curricular, lo que significa que se pueden trabajar en el primer semestre o trimestre y luego en los posteriores; de ahí también su verticalidad, incluyendo nuevas perspectivas.

Los denominados 'temas transversales' empezaron a verse plasmados en la legislación educativa española con la LOGSE, la LOE y en la actual LOMLOE. Aunque la LOGSE (Ley Orgánica 1/1990, de 3 de abril, de Ordenación General del Sistema Educativo) no cita expresamente los temas transversales, supone un cambio de perspectiva notable (Vázquez y Porto, 2020), al declarar, en su artículo 1, que «el sistema educativo español atenderá al «pleno desarrollo de la personalidad del alumno", teniendo como principio básico la educación permanente». Los temas transversales cambian dependiendo del ciclo en el que se encuentre el o la estudiante. Por ejemplo, en educación primaria se plantea construir un modelo de persona desde una concepción humanista, el desarrollo integral del individuo, la apuesta por la educación en valores, la relación de la escuela con el entorno y la incorporación de nuevas enseñanzas (Vázquez y Porto, 2020).

Más adelante, y con la derogación de la LOGSE, el gobierno del Partido Popular elaboró en el año 2002 la LOCE (Ley Orgánica de Calidad de la Educación), la cual establecía como objetivo principal reducir las altas tasas de fracaso escolar, sobre todo en la educación secundaria; y se destacaba un valor no mencionado en la ley anterior, el de la «cultura del esfuerzo» como garantía de progreso personal, «porque sin esfuerzo no hay aprendizaje». Es después de este gobierno, cuando el Partido Socialista Obrero Español (PSOE) elabora en 2006 la nueva ley de educación, la LOE (Ley Orgánica de Educación) donde se introduce el paradigma de la 'educación para la ciudadanía' en lugar destacado como materia con distintas denominaciones en los diferentes niveles de escolarización obligatoria, con el fin de (BOE, nº 106, 2006: 17163):

Ofrecer a todos los estudiantes un espacio de reflexión, análisis y estudio acerca de las características fundamentales y el funcionamiento de un régimen democrático, de los principios y derechos establecidos en la Constitución española y en los tratados y las declaraciones universales de los derechos humanos, así como de los valores comunes que constituyen el sustrato de la ciudadanía democrática en un contexto global (pp. 12).

El Real Decreto 1631/2006 de esta Ley establecía las enseñanzas mínimas que debían tener los cursos de educación secundaria en los colegios e institutos del estado español. Se introducía, por primera vez, la Educación para la Ciudadanía (EpC) en los primeros cursos de esta etapa, siendo obligatoria en el último curso de la Educación Secundaria y modificando su nombre con «Educación ético-cívica". Por estas razones, la Ley Orgánica de Educación supuso un cambio transcendental en España en materia de legislación educativa y de EpC respecto a la anterior legislación, que se encontraba vacía de contenido en esta esfera de la enseñanza, diluida en la cultura del esfuerzo y la meritocracia.

En la inclusión de la EpC, si nos ceñimos a consideraciones estrictamente pedagógicas, existía la pretensión de «suplir las deficiencias de la transversalidad propuesta por la LOGSE, que nunca llegó a ser efectiva debido al peso de los contenidos disciplinares, sobre todo en educación secundaria» (Rodríguez, 2007).

En las elecciones generales del año 2011 la situación política volvió a cambiar, al obtener el Partido Popular de nuevo la mayoría absoluta. El ministro de Educación de esos momentos, Wert, impulsó una nueva reforma educativa, la Ley Orgánica para la Mejora de la Calidad Educativa (LOMCE), que entró en vigor en el año 2013, también conocida como la Ley Wert. Una de las primeras medidas en lo que concierne a esta aportación es que la 'Educación para la Ciudadanía' pasó a nombrarse 'Educación Cívica y Constitucional'. La nueva norma define la educación como «el motor que promueve el bienestar de un país', un símil de neta reminiscencia industrial, y dicta que en su transformación ha de participar toda la sociedad (empresas, asociaciones, sindicatos) y, de manera muy particular, las familias, que son «las primeras responsables de la educación de sus hijos y por ello el sistema educativo tiene que contar con la familia y confiar en sus decisiones» (LOMLOE, 2020: 97859).

En la actualidad, y tras las elecciones generales de 2019, el gobierno de coalición formado por el Partido Socialista Obrero Español-PSOE y Unidas Podemos-UP, conjuntamente con la ministra de Educación Isabel Celaá, elaboró un Proyecto de Ley Orgánica que modificó la Ley Orgánica 2/2006, de Educación, conocida como

LOMLOE, que entró por su parte en vigor en 2020. Como aspecto a destacar de esta Ley, en el tercer ciclo de educación primaria se contempla la inclusión de la materia «Valores cívicos y éticos», y se oferta obligatoriamente la de Religión «sin asignatura espejo»; lo cual hace que, como sociedad, debamos preguntarnos ¿cuáles son los valores que vamos a enseñar en esta nueva ley para responder a las necesidades que presenta el alumnado y la sociedad en general?

La nueva Ley educativa incorpora sus novedades principales a través de cinco ejes principales de los que da buena cuenta en su Exposición de Motivos:

- En primer lugar, subraya la importancia de los derechos de la infancia como principios rectores del sistema de educación, tal y como ha sido reconocida por la Convención sobre los Derechos del Niño de Naciones Unidas (1989).

- En segundo lugar, incorpora la perspectiva de género a través de la coeducación y fomenta el aprendizaje de la igualdad efectiva de mujeres y hombres, la prevención de la violencia de género y el respeto a la diversidad afectivo-sexual en todas las etapas.

- Además, en tercer lugar, asume un enfoque transversal orientado a garantizar que todo el alumnado tenga garantías de éxito en la educación a través de una mejora continua de los centros educativos y una mayor personalización del aprendizaje.

- En cuarto lugar, incluye la importancia de incorporar la educación para el desarrollo sostenible y la *ciudadanía mundial*, en el marco de la Agenda 2030, en los planes y programas educativos de la totalidad de la enseñanza obligatoria. Se incluye, también, la educación para la paz y los derechos humanos, la comprensión internacional y la educación intercultural, así como la educación para la transición ecológica.

- Por último, profundiza «en la importancia del cambio digital social cuyo reflejo en el plano de la actividad educativa es indudable» (García-Martín, 2021: 298).

El currículum de la LOMLOE se basa en un perfil competencial en el cual los aprendizajes y competencias tienen un corte ciudadano (García-Álvarez, 2023). Esta Ley asume, de esta forma, los principales postulados de la Recomendación del Consejo, en relación con las competencias clave para el aprendizaje permanente y con el Marco de referencia de competencias del Consejo de Europa por una cultura democrática.

En concreto, en la etapa de educación primaria, como novedades: se recuperan los tres ciclos de esta etapa; se reordenan las áreas orientadas al desarrollo de la competencias del alumnado; se añade un área de 'Educación en Valores cívicos y éticos' en el tercer ciclo, que incluirá contenidos referidos a la Constitución Española, al conocimiento y respeto de los Derechos Humanos y de la infancia, a la educación para el desarrollo sostenible y la *ciudadanía mundial*, así como a la igualdad entre hombres y mujeres, entre otros; se garantizará la inclusión educativa, la atención personalizada y se prevendrán las dificultades de aprendizaje, articulando, en su caso, los mecanismos de refuerzo necesarios para hacer frente a dichas dificultades; se deberá dedicar un tiempo a diario a la lectura y se establece que la comprensión lectora, la expresión oral y escrita, la creación artística, la comunicación audiovisual, la competencia digital, el fomento de la creatividad y del espíritu científico, además del trabajo para el consumo responsable.

En la etapa de educación secundaria, por su parte, se cursa la materia de 'Educación en valores cívicos y éticos', asignatura de carácter obligatorio, pese a tener una baja carga lectiva en todos los cursos de la Educación Secundaria Obligatoria (35 horas en su totalidad). El texto de esta ley asume también los documentos de la Comisión Europea sobre la educación y de la enseñanza y la promoción de una educación ciudadana. De acuerdo con ello, en este nivel se identifican tres formas de promover la enseñanza de valores cívicos, como es la integración transversal en el currículo, la creación de asignaturas específicas y la inclusión de los contenidos de formación ciudadana como parte de otras asignaturas, como se mencionaba anteriormente (*European Commission,* 2018). En cuanto a su transversalidad en las asignaturas del currículum escolar, esta se aplica sobre todas las asignaturas y en las denominadas «situaciones de aprendizaje». Por su parte, la asignatura de Geografía e Historia como asignatura específica cobra una gran importancia en la formación cívica y ciudadana del alumnado, ya que en ella se fomenta su reflexión crítica y, en concreto, se potencia la enseñanza en el compromiso cívico, local y global, además de contener contenidos específicos desde la parte correspondiente a conocimientos (García-Álvarez, 2023). Unido a las otras dos fórmulas, en tercer lugar, el currículum en educación secundaria apuesta también por contenidos concretos en Educación para la Ciudadanía desde diversas asignaturas apelando a las competencias para las que se preparan. El perfil en competencias de las materias que componen el currículum educativo incluye, para esta tercera modalidad, cuestiones relativas a la participación ciudadana, pensamiento crítico y la alfabetización mediática, desarrollo sostenible, inclusión e igualdad de género. Esta Ley Orgánica debe recoger para el ámbito educativo lo establecido en el Plan de Acción para la Implementación de la Agenda 2030 con las puntualizaciones indicadas en el Informe de Progreso 2020, acogiendo en el cuerpo de la ley los siguientes términos (Negrín y Marrero, 2021: 25): Agenda 2030, Cuarto Objetivo de Desarrollo Sostenible, Educación para el Desarrollo Sostenible y *la Ciudadanía Mundial*, Desarrollo Sostenible, Educación para la salud, Ambiente, Educación para la transición ecológica, Cambio climático, Consumo responsable e Igualdad de género.

En definitiva, en la LOMLOE se abre la puerta a la consolidación del imaginario socioeducativo que supone el paradigma de la «Educación para la Ciudadanía».

2. Hermenéuticas de Educación para la Ciudadanía según la OCDE y la UNESCO: Global *versus* mundial

El discurso internacional del desarrollo suele aludir a la educación como derecho humano inalienable y como un bien público o, como UNESCO lo indica, más allá del anterior, un *bien común*. El principio de la educación como derecho humano fundamental que permite la realización de los demás se asienta en marcos normativos internacionales, asigna al estado la función de asegurar el respeto, el cumplimiento y la protección del derecho a la educación. Además de su función como administrador de la educación, el estado debe actuar como garante del derecho a ella (UNESCO, 2015). Esta teoría de la educación como bien público mundial cuenta con una larga trayectoria, comenzando a trabajar con ella desde 1950, ya que se empezó a considerar que los bienes comunes son aquellos que, independientemente del origen, se caracterizan por tener un carácter obligatorio y necesario para que las personas puedan realizar sus derechos fundamentales. En este sentido, el conocimiento es patrimonio común de la humanidad y, al igual que la educación, debe ser considerado un bien común mundial (Ponce-Diaz, Martínez-Usarralde y Beltrán-Llavador, 2021).

Desde esta referencia inicial puede asentarse el paradigma de la Educación para la Ciudadanía, objeto de múltiples tesis y controversias sobre su naturaleza, su objeto, y su fin desde la década de los años cincuenta hasta la actualidad, erigiéndose, también hoy, en objeto continuo de lecturas, interpretaciones y clasificaciones que basculan entre la ortodoxia y la más diversa heterodoxia.

En los siguientes apartados trataremos de bosquejar los rasgos idiosincrásicos de dos grandes organismos internacionales, la UNESCO y la OCDE, que tanto peso e influencia tienen en el ámbito educativo y en las actuaciones que se llevan a cabo en los países miembros; llegando con ello a dirimir sus expresiones: «Educación para la Ciudadanía Mundial» en el caso de la UNESCO, *versus* «Educación para la Ciudadanía Global», en el de OCDE.

2.1. La UNESCO: Educación para la Ciudadanía Mundial

A partir de estas consideraciones, la Educación para la Ciudadanía Mundial-ECM constituye un concepto medular de la visión de la UNESCO para la educación en el siglo XXI (UNESCO, 2015a), y se erige en un pilar de los Objetivos de Desarrollo Sostenible y de la Agenda de Educación 2030 (ONU 2015; UNESCO, 2015b), en concreto el ODS 4 y la meta 4.7., en la que se lee que:

De aquí a 2030, hay que asegurar que todos los alumnos adquieran los conocimientos teóricos y prácticos necesarios para promover el desarrollo sostenible, entre otras cosas mediante la educación para el desarrollo sostenible y los estilos de vida sostenibles, los derechos humanos, la igualdad de género, la promoción de una cultura de paz y no violencia, la ciudadanía mundial y la valoración de la diversidad cultural y la contribución de la cultura al desarrollo sostenible.

La ECM reemplaza iniciativas anteriores en materia de educación e integra conceptos que han sido previamente definidos sobre «la educación para la comprensión, la cooperación y la paz internacionales y la educación relativa a los derechos humanos y las libertades fundamentales» (UNESCO, 1974; citado en UNESCO, 2017), «la educación para la paz, los derechos humanos y la democracia» (UNESCO, 1995; UNESCO, 2017) y la educación para «aprender a vivir juntos, aprender a ser, aprender a conocer y aprender a hacer» (Delors et al., 1996; UNESCO, 2017). Por otra parte, el concepto de ECM abarca todos los elementos fundamentales de la trasmisión de conocimientos: el currículo, la pedagogía y evaluación, los principios y las prácticas, así como la enseñanza y el aprendizaje.

La ECM suscita evidente interés para el organismo, dado que engloba de manera convincente y significativa las múltiples dimensiones de la mundialización y los paradigmas interpretativos del estado posnacional que la acompañan. No obstante, el concepto es tanto polémico como nuevo para los currículos nacionales a nivel mundial. Por lo tanto, resulta intrínsecamente interesante descubrir cómo este nuevo marco omnicomprensivo que afecta al área primordial de la ciudadanía repercute sobre los lineamientos curriculares recientes a partir de una muestra de países con características enormemente contrastantes (Cox, 2017; UNESCO, 2017).

En el ámbito de la ECM, la UNESCO concentra sus esfuerzos en diversos temas específicos: la educación como instrumento para prevenir el extremismo violento, la educación sobre el Holocausto y el genocidio, las lenguas en la educación, a los que se añadirá pronto la formación ciudadana hacia una cultura de la legalidad. La UNESCO garantiza la difusión de la ECM mediante una amplia red mundial integrada fundamentalmente por sus propios institutos y centros de Categoría 1, otras agencias de las Naciones Unidas y organizaciones intergubernamentales, en particular organizaciones regionales como el Instituto Mahatma Gandhi de Educación para la Paz y el Desarrollo Sostenible de la UNESCO (MGIEP, por sus siglas en inglés), el Instituto Internacional de la UNESCO para el Fortalecimiento de Capacidades en África (IICBA), el Instituto de Estadística de la UNESCO (IEU), el Centro de Asia y el Pacífico de Educación para el Entendimiento Internacional (APCEIU), la Red del Plan de Escuelas Asociadas de la UNESCO (RedPEA) y el Programa UNITWIN y de Cátedras de la UNESCO (UNESCO, 2022).

La educación, para la UNESCO, desempeña un papel esencial en la labor de dotar a las y los jóvenes de conocimientos, de valores o de competencias y actitudes necesarias para comprender que tienen derechos y promover sociedades más justas y democráticas. Además, este organismo desarrolla programas educativos que proporcionan, a infancia, adolescencia y edad madura, una enseñanza sobre sus derechos y sobre lo qué es el estado de derecho, proporcionándoles medios para convertirse en ciudadanos y ciudadanas justas.

Una de las iniciativas que tiene la UNESCO, junto con la UNODC, es «la educación para la ciudadanía mundial: enseñar una cultura de la legalidad», que tiene como objetivos (UNESCO, 2022):

- Proporcionar orientaciones políticas a los agentes del cambio de los sectores de la educación y la justicia.

- Ayudar a las y los docentes de los niveles primario y secundario, poniendo a su disposición herramientas pedagógicas y pedagogías interactivas que otorgan a su alumnado los medios para que sean escuchados y para participar en la vida democrática.

- Enseñar a los y las formadoras de docentes y a las y los encargados de la formulación de políticas a integrar este aprendizaje en los sistemas educativos.

- Estimular la movilización de la infancia y la juventud en favor de sociedades justas.

En cuanto a la elaboración de libros de texto, la Agenda 2030 de Educación reafirma la importancia de las oportunidades brindadas con miras a alcanzar una educación para la ciudadanía mundial que incluye desde la creación de entornos de aprendizaje inclusivos hasta el contenido de los planes de estudio. La preparación de libros de texto de calidad contribuye a la aplicación de numerosos instrumentos internacionales ratificados por los diferentes gobiernos con miras a garantizar la libertad, la igualdad y la no discriminación como es el caso de la Recomendación de 1974. El proyecto de la UNESCO «carpeta para la revisión y adaptación de planes de estudio, libros de texto y otros materiales didácticos para suprimir los estereotipos relativos a la cultura, la religión y el género» es el resultado de los esfuerzos llevados a cabo por la Organización con miras a fomentar la cultura y la paz. Dicho proyecto tiene como objetivo la consecución del ODS 4 y ayuda a los Estados Miembros en la elaboración de libros de texto de calidad y recursos didácticos que reflejen valores como la diversidad y transculturalidad, el compromiso emancipador y la justicia social a nivel mundial. El objetivo consiste en poner al alcance de los representantes políticos, autorías, las y los investigadores y todas las personas implicadas en la elaboración, la distribución y la utilización de libros de texto y de recursos didácticos los instrumentos necesarios para mejorar la calidad y pertinencia de éstos (UNESCO, 2022).

Por todo lo expresado, la UNESCO entiende el concepto de la ECM como un bien público con el que los individuos y las comunidades progresivamente se empoderan gracias a la consolidación de la democracia en muchos países y a la ampliación del acceso al conocimiento. Esta afirmación se aplica a la política educativa cuando tanto el sector público como el privado tienen interés en participar en la creación de sociedades inclusivas del conocimiento (Tawil, 2013).

El concepto de «ciudadanía mundial» sigue siendo muy amplio, cuando no está en disputa, por lo que resulta difícil llevarlo a la práctica en el ámbito de educación, y, por ende, en la praxis educativa. Todo lo anterior, en un contexto en el que la globalización tiene, como objetivo principal, lograr la armonía entre instituciones y leyes de gobernanza global, manteniendo la legitimidad de la gobernanza en ámbitos como la educación (Tikly, 2017), con una ideología próxima al neoliberalismo que se contrapone a los enfoques sociocríticos, de justicia social y pedagogía innovadora (Walker, 2020).

Siguiendo esta idea de la UNESCO, se entiende por 'educación para la ciudadanía' una esfera de enseñanza y aprendizaje de infancia, jóvenes y adultos, tanto académica como extraacadémica, que está centrada en la educación social, cívica y política entendida como parte esencial de la formación de la ciudadanía en cualquier contexto (Tawil, 2013). Una ciudadanía que interpela a la mundialización y trata de hacer cómplices a las autoridades públicas y privadas, las redes transnacionales y las organizaciones pertenecientes a la sociedad civil, además de implicar a la ONU y los organismos internacionales (Stephen, 2014; citado en Tikly, 2017).

Desde este enclave, el organismo propone, en materia de ECM, acometer una serie de políticas basadas en (UNESCO-OREALC, 2018: 14):

Medición de los logros alcanzados a nivel mundial en la consecución de la ECM: se basa en la elaboración de indicadores de medición a nivel mundial en materia de ECM, elaborar políticas y estudios en esta temática para alcanzar la meta 4.7.

Promoción y diálogo político a escala internacional: tiene como objetivo hacer un balance sobre las cuestiones clave pertinentes en materia de política y prácticas relativas a la ECM.

Asistencia técnica y reforzamiento de las capacidades para la aplicación por parte de los países: cuenta con dimensiones como la cognitiva (Adquisición de conocimientos, comprensión y pensamiento crítico acerca de cuestiones mundiales, nacionales y locales), socioemocional (Sentido de pertenencia a una humanidad común, compartiendo valores, actitudes y habilidades sociales), y la dimensión conductual (Acción eficaz y responsable en el ámbito local, nacional y mundial con miras a un mundo más pacífico y sostenible).

En esta línea, se puede afirmar que la UNESCO apoya que los Estados Miembros fomenten la Educación para la Ciudadanía Mundial, con acciones como la promoción de su aplicación y el desarrollo de herramientas específicas que fomenten la creación de una hoja de ruta y una línea de actuación político-pedagógica.

Por otro lado, la ECM tiene como objetivo *empoderar* estudiantes a participar y asumir roles activos a nivel local, nacional y globalmente, para enfrentar y resolver desafíos globales y, en última instancia, convertirlos en agentes proactivos de un mundo justo, pacífico, tolerante, inclusivo, seguro y sostenible. Al mismo tiempo que se evidencian tensiones y malentendidos alrededor del propio término, y que hay indefectiblemente que desentrañar (UNESCO, 2018):

- *Global vs. local:* la ECM promueve un ideal basado en la solidaridad global y en un sentido de pertenencia a una humanidad común, mientras anima al estudiantado a tomar decisiones y tener responsabilidades a nivel mundial, aunque es visto, a menudo, como un ideal que prioriza las necesidades globales y determina qué posibilidades tienen las personas a lo largo de su vida.

- *Centrarse en el individuo vs. abordar lo político y el contexto social:* como la ECM se centra en el desarrollo de las personas y sus conocimientos, habilidades, actitudes y valores, se presta menor atención a cuestionar los contextos sociales y políticos.

- *Importancia de la Educación para la Ciudadanía-EC en contextos complejos:* la ECM se percibe como un enfoque que no tiene cabida en los entornos educativos de contextos empobrecidos y vulnerabilizados, como pueden ser los entornos afectados por conflictos, idea esta que hay que revertir.

- *Meta aspiracional de la ECM:* el objetivo de la ECM se basa en la trascendencia estratégica que detentan las competencias cognitivas, socioemocionales y las habilidades conductuales vinculadas al paradigma de EPCM analizado, bajo el fin de empoderar a las personas para convertirlas en ciudadanía responsable y comprometida.

La UNESCO apuesta, en definitiva, por una consolidación de la Educación para la Ciudadanía Mundial sobre unos pilares basados en la innovación, diversidad y educación intercultural interrelacionada con la justicia social. En definitiva, UNESCO construye una cosmovisión de ciudadanía desde su idea de interdependencia humana emancipatoria, y, en base a lo mencionado anteriormente, las tres nociones básicas de la ECM se articulan en torno al compromiso con la diversidad, su sentido emancipatorio para la educación y la idea de pertenencia a la humanidad en clave de justicia social (UNESCO-UNOCD, 2019).

2.2. OCDE: Educación para la Ciudadanía desde la competencia global

Siguiendo la misma línea descriptiva e interpretativa, y con fines, como reza el título, hermenéuticos de cara a su comparación final, la OCDE, en efecto, es un organismo que también se ha involucrado de manera visible en la EPCG, aunque históricamente haya un desarrollo mucho menos dilatado que en el caso de la UNESCO. De hecho, es en el año 2018 cuando se añadió al Informe PISA la denominada 'Competencia Global' que, según este mismo informe, tiene como objetivo el aprendizaje multidimensional y permanente, los individuos a escala mundial pueden examinar cuestiones locales, globales e interculturales, comprender y apreciar diferentes perspectivas y visiones del mundo, interactuar con éxito y de manera respetuosa con los demás y actuar de modo responsable hacia la sostenibilidad y el bienestar colectivo (OCDE 2018: 5).

Esta definición destila cuatro dimensiones de competencia global, necesarias, según el organismo, para acometer la vida cotidiana de las personas: la capacidad para analizar problemas y situaciones de importancia local, global y cultural; la capacidad para comprender y apreciar perspectivas y visiones diferentes del mundo; la capacidad de establecer interacciones positivas con personas de diferentes contexto nacionales, étnicos, religiosos, sociales y culturales y de distinto sexo, y, finalmente, la capacidad y disposición para adoptar medidas constructivistas hacia el desarrollo sostenible y el bienestar colectivo (Ministerio de Educación, Cultura y Deporte, 2018).

En cuanto a los bloques fundamentales de la competencia global, estos se estructuran en cuatro, relacionados entre sí (Figura 1) (OCDE, 2018):

- *Conocimientos del mundo y de otras culturas:* se debe tener conciencia de las cuestiones globales que afectan a la vida local y al mundo, conocimiento intercultural, es decir, el conocimiento de las culturas para ser capaces de no tener estereotipos ni discriminar a otras personas. El plan de estudios de los centros educativos debe prestar atención a la cultura y relaciones interculturales, desarrollo socioeconómico e interdependencia, la sostenibilidad medioambiental y el apoyo de las instituciones formales e informales que apoyan las relaciones pacíficas entre las personas y el respeto a los Derechos Humanos (*habilidades para comprender el mundo y actuar*): competencia que se basa en adquirir habilidades específicas de carácter cognitivo, comunicativo y socio-emocionales, que se definen como la capacidad para llevar a cabo un pensamiento y comportamiento complejo, lo cual requiere que el alumnado adquiera destrezas como la comunicación efectiva y respetuosa, la toma de perspectiva para comprender cómo se comportan las demás personas y la adaptabilidad en cuanto a pensamiento y comportamiento, dependiendo del entorno cultural predominante.

- *Actitudes de apertura, respeto por los individuos de diferentes contextos culturales y conciencia global:* refiriéndose con ello a la mentalidad que un individuo adopta hacia una persona, grupo o institución que integra creencias, evaluaciones, sentimientos y tendencias a comportarse de una forma en concreto. Es decir, que el comportamiento competente siempre requerirá de una actitud de apertura hacia personas de otros contextos culturales y poseer una *mentalidad global* con respeto a la dignidad del resto de las personas a sus creencias (Byram, 2009; citado en Consejo de Europa, 2016).

- *Valoración de la diversidad y de la dignidad humana:* ambos factores se erigen en filtros críticos a través de los cuales los individuos procesan la información acerca de otras culturas y deciden cómo interactuar con ellas. Las personas que cultivan estos valores son más conscientes de sí mismas y del entorno que les rodea (Ministerio de Educación, 2018; Schwartz, 2012).

Para poder abordarlo, la evaluación en PISA 2018 de esta competencia se compone de dos partes: por un lado, una prueba cognitiva, que está diseñada para indagar en las capacidades del alumnado que examinen los problemas mundiales, reconocer influencias externas sobre perspectivas y visiones distintas del mundo, aprender a comunicarse con otros en contextos interculturales e identificar las líneas de acción para abordar estas cuestiones. Por otra, la parte del cuestionario de contexto, en la cual el alumnado debe contestar a las preguntas para evaluar el grado de familiaridad que tienen con cuestiones globales, nivel de desarrollo de las capacidades lingüísticas y comunicativas, la actitud que tienen hacia personas de otras culturas y qué oportunidades tienen en su centro educativo de desarrollar esta competencia (OCDE, 2018).

FIGURA 1. EL ENFOQUE PISA PARA EVALUAR LA COMPETENCIA GLOBAL

Fuente: OCDE (2018: 31).

La educación para la competencia global se vincula con la aspiración de establecer relaciones interculturales en sociedades multiculturales y en clave pedagógica, la interdepencia económica y la gestión de la desigualdad, la sostenibilidad medioambiental como reto político y práctico y los derechos humanos en la perspectiva tanto de la prevención como de la acción e implicación a escala global (OCDE, 2018). La educación para la competencia global se basa, por tanto, y por todo lo referido hasta ahora, en diversas narrativas dentro del paradigma de la apuesta refrendada por este organismo como 'educación global', desde las que leer, por ejemplo, la educación intercultural y la educación para la ciudadanía democrática. A pesar de las diferencias que puedan existir entre dichas narrativas, estos enfoques comparten un objetivo común para fomentar la comprensión del mundo por parte del alumnado y capacitarlo para expresar su punto de vista y fomentar la participación en sociedad.

La OCDE trabaja, pues, para evaluar la competencia global que se compone de la evaluación cognitiva (fomenta el pensamiento crítico en el alumnado, reconocer la influencia del exterior en su visión del mundo, aprender a comunicarse con contextos interculturales y ser capaz de identificar y abordar los problemas interculturales y mundiales), y por último, el cuestionario de antecedentes (averiguar el grado de familiaridad del alumnado con las cuestiones mundiales, grado de desarrollo de sus capacidades lingüísticas, respeto a hacia las personas de culturas diferentes y si el entorno escolar favorece el desarrollo de esta competencia) (OCDE, 2018).

La competencia global se evalúa en los estudios PISA, ya mencionados anteriormente, siendo promovida por la OCDE desde el año 2000 en el cual se desarrolló la primera edición. Se concibe como un estudio trienal, aunque a partir del año 2025 se realizará de forma cuatrienal, dada la necesidad de adecuarlo a la extensión que presenta y a las demandas de los países que participan. Las características principales de este estudio se vinculan a la idiosincrasia de lo que ya se utilizaba para medir la competencia en comprensión lectora, en matemáticas o en ciencias (Ministerio de Educación, Formación Profesional y Deportes, 2023):

- Orientación hacia las políticas educativas que relacionan el aprendizaje de los y las estudiantes con el contexto escolar y familiar para determinar el rendimiento y plantear mejoras dentro del sistema educativo.
- El enfoque se basa en las competencias, es decir, se basa en una concepción del conocimiento de forma integral.
- Otorga importancia al aprendizaje a lo largo de la vida, lo que implica tener en cuenta la capacidad del alumnado para ser independiente y enfrentarse a las situaciones complejas que pueden presentarse en los distintos contextos.
- Permite realizar una comparativa al realizarse cada tres o cuatro años.
- El grado de participación también es relevante, ya que se involucran en el estudio 37 países miembros de la OCDE y 43 países asociados.

En el primer estudio de la competencia global en PISA en el año 2017 participaron, además de España, Colombia, Israel, Japón, Corea del Sur y Singapur. Con los resultados obtenidos en este primer estudio se diseñaron las preguntas anteriores para implementar nuevos instrumentos de evaluación ya observables en el informe PISA del año 2018 (OCDE, 2022).

En el informe PISA 2020, por su parte, se publicaron los resultados sobre la competencia global en seis informes distintos distribuidos por temas, en el volumen II, III, IV y VI (OCDE, 2022):

- El primer volumen se destina a examinar las diferencias de género en el rendimiento del alumnado teniendo en cuenta el nivel socioeconómico, rendimiento, origen y bienestar.
- En el segundo volumen se evalúa la salud física y emocional del alumnado, el papel del profesorado y las familias y su influencia en la construcción del clima escolar.
- En el tercero, se examinan los conocimientos que el alumnado posee sobre economía y educación financiera.
- Por último, se mide la capacidad del alumnado para plantearse cuestiones locales, globales e interculturales.

En los principales resultados obtenidos en España en el informe PISA 2018, en cuanto al ítem de «comprender y apreciar las perspectivas y puntos de vista de otras personas», las y los estudiantes españoles declararon las actitudes más positivas hacia personas inmigrantes, con valores en el índice significativamente superiores a la media de la OCDE (OCDE, 2020).

En cuanto a «acometer acciones para el bienestar colectivo y el desarrollo sostenible», el alumnado español es el que declara un mayor grado de aceptación de los problemas mundiales junto con otros países. Además, el estudiantado de nuestro país obtuvo las mayores proporciones de respuestas correctas en el ámbito de adopción de medidas que favorezcan la sostenibilidad, es decir, se respondió correctamente a más del 40% de las preguntas. Por último, en cuanto al «rendimiento en test de competencia global cognitiva», la puntuación obtenida fue de 512, por encima del promedio de la OCDE (499); de lo que se desprende que España es uno de los países con menor variación del rendimiento debido al ISEC (Índice Social, Económico y Cultural), es decir, se traduce en que posee una mayor equidad (OCDE, 2020).

3. Algunas reflexiones para el futuro curricular de la Educación para la Ciudadanía

La nueva oportunidad que plantea la LOMLOE en la materia que nos ocupa genera nuevos horizontes de aprender una renovada Educación para la Ciudadanía Global. Esta ley se sustenta en la oportunidad de analizar la formación *en*, *sobre* y *por* la ciudadanía, planteando, entre otros asuntos, la cuestión de qué ciudadanos/as queremos formar para transformar la sociedad en la que vivimos.

La Recomendación del Consejo de la Unión Europea del año 2018 y el marco de referencia de competencias respaldan la educación basada en competencias. La LOMLOE apuesta por un modelo educativo y un currículum cuyos arbotantes tienen carácter competencial, rompiendo con ello la tendencia anterior de basar el currículum educativo en los contenidos; ya que, a lo largo de la historia reciente de España, se ha ido produciendo un retroceso histórico en la eliminación de la asignatura Educación para la Ciudadanía, recuperada, de algún modo, en esta ley (García-Álvarez, 2023).

Los elementos de formación ciudadana son transversales en todo el currículum y en las materias del mismo: en educación secundaria obligatoria, la asignatura de Educación en Valores Cívicos y Éticos asume como propios estos contenidos. Por otro lado, la digitalización dedica un bloque de contenidos a la ciudadanía digital crítica y la asignatura de Geografía e Historia también destina uno de sus tres bloques al compromiso cívico, local y global. Pese a todo, en el currículum de esta ley no se incluye ninguna competencia específica sobre la Unión Europea ni se hace referencia alguna al concepto de ciudadanía europea en ninguna asignatura, ni tan siquiera en Geografía e Historia, mencionando solamente el proyecto de construcción europea en un contexto democrático y de valores cívico-éticos (García-Álvarez, 2023).

En este punto es necesario plantearse la importancia que tiene la Educación para la Ciudadanía en el currículum educativo y en la sociedad, puesto que es clara la influencia que los centros educativos tiene en la creación de una sociedad más justa, basada en el compromiso moral, cívico y político, además de ser concebida para transmitir determinados conocimientos, habilidades y actitudes que permitan crear ciudadanos/as activos y con la necesidad y capacidad de crear sociedades democráticas. A esta misión debería contribuir la educación cívica, la cual ha sido implementada en el currículum de diversos países europeos, con el objetivo de que los alumnos/as se configuren como ciudadanos/as conocedores/as de sus derechos y responsabilidades (Arbués y Naval, 2020).

En la actual ley, también encontramos ausentes diversos temas relativos al enfoque de Derechos Humanos, enfoque ecopedagógico, feminista, decolonial y postcapitalista, además del urgente abordaje de y sobre la justicia social y la interculturalidad. Por lo tanto, cabe la necesidad de preguntarse si esta Ley, con el currículum que presenta, es suficiente para atajar de forma correcta las problemáticas que presenta la sociedad actual.

La LOMLOE se sustenta, además, en las políticas internacionales educativas con el objetivo de adaptar el sistema educativo español a los retos propios del siglo XXI bajo parámetros, principalmente, de la Unión Europea (no analizados aquí) y la UNESCO. Los Organismos Internacionales juegan un papel clave, por lo que han sido también objeto de revisión en este capítulo. La ley española contempla, de este modo, las recomendaciones recogidas en los principales documentos de instituciones como la Unión Europea cuyos principales órganos son la Comisión Europea, el Consejo Europeo y el Parlamento Europeo; además de las instituciones internacionales que, mayoritariamente para el caso de la UNESCO, se encuentran reflejadas en el nuevo currículum.

Por otro lado, ha desaparecido de esta Ley la referencia explícita a la OCDE como se hizo en la anterior Ley educativa, y se alude al organismo de la UNESCO, como se puede observar en la parte expositiva del texto, que resume la filosofía que impregna el mismo y el enfoque que se adopta con respecto a la formación ciudadana. En definitiva, la LOMLOE tiene como objetivo «adaptar el sistema educativo a los retos y desafíos del siglo XXI, de acuerdo con los objetivos fijados por la Unión Europea y la UNESCO» (García-Álvarez, 2023, 70).

Luego ambos organismos internacionales tienen un peso distinto.

Por un lado, la implicación de la UNESCO en la Educación para la Ciudadanía Mundial-EPCM, se basa en la formación ciudadana comprometida y emancipadora, preparada y proactiva frente a los nuevos desafíos con los que se encuentra la sociedad del presente siglo. La nueva Ley educativa, mencionada frecuentemente en estas líneas, incluye la importancia de incorporar una asignatura de Educación para el Desarrollo Sostenible y la Educación para la Ciudadanía Mundial que cumpla los planes y programas educativos en su totalidad dentro del marco de la Agenda 2030. El renombramiento de la asignatura de Educación para la Ciudadanía a 'Educación en Valores cívicos y éticos' incluye temas referidos a la Constitución Española, al conocimiento y respeto de los Derechos Humanos y de la Infancia, a la educación para el desarrollo sostenible y la ciudadanía mundial. Con todo ello, se puede plantear la visible y reveladora misión que tiene la UNESCO en la transformación de la sociedad en garantizar que el alumnado adquiera conocimientos sobre educación para el desarrollo y Derechos Humanos, lo cual es una de las metas para 2030.

En cuanto a la implicación de la OCDE, el currículum de la LOMLOE apuesta por un perfil competencial en el que los aprendizajes y competencias de carácter ciudadano tienen un gran peso. El documento asume los postulados desarrollados al respecto en la Recomendación del Consejo relativa a las competencias clave para un aprendizaje permanente y en el marco de referencia de competencias del Consejo Europeo (2018) para crear una cultura democrática. Como se mencionaba durante todo el texto, la EPCG para la OCDE tiene como objetivo el aprendizaje multidimensional para que las personas puedan examinar cuestiones locales, globales e interculturales y apreciar las distintas visiones del mundo, basándose en la educación intercultural y la educación para la ciudadanía democrática. La EPCG, como se ha mencionado, se evalúa mediante la competencia global en PISA donde se tienen en cuenta que España destaca en cuanto a actitudes positivas hacia personas inmigrantes, la capacidad para comprender y apreciar los puntos de vista de los demás, la aceptación de los problemas mundiales y de medidas en favor de la sostenibilidad y el bienestar colectivo, entre otros. El Informe PISA se compone de una serie de pruebas que son preparadas durante un tiempo por las y los docentes y el alumnado y puede no ajustarse de forma certera a la realidad social, educativa y escolar que se vive en la actualidad, aunque puede ser un punto de partida a tener en cuenta para saber qué aspectos son necesarios cambiar, trabajar o mejorar para transformar la sociedad y que los y las jóvenes se conviertan en individuos con valores democráticos y de justicia social. Además, la OCDE evalúa competencias financieras en esta área, así como la digitalización de la educación, en base a unos ideales globalizadores y que tienden a ser capitalistas, alejadas de lo que se comprende por Educación para la Ciudadanía Mundial.

Así pues, aunque hay visiones críticas de que tanto la OCDE como la UNESCO están favoreciendo, al estar fundadas onto-epistémicamente en el binomio de modernidad-colonialismo y por no cuestionar ni mencionar el capitalismo o comprometerse de manera superficial con abordar las visiones del mundo que subyacen a las diferencias culturales (Saito et al., 2023), ambos tienen, de manera palpable, divergentes ideas de lo que resulta apropiado en materia de Educación para la Ciudadanía: tan solo baste con observar las dimensiones que fomentan sobre la justicia social, la equidad o la diversidad. Es necesario, por todo ello, en primer lugar, reformular el concepto de Educación para la Ciudadanía para que transmita y en ella se identifiquen valores como la democracia, la justicia social, el feminismo, el decolonialismo, el antirracismo, la educación contra la discriminación por razones de sexo, raza, orientación sexual o cualquier tipo de creencia religiosa o cultural, así como la no discriminación por razones de clase social. Al mismo tiempo, en segundo, incluir este imaginario teórico-práctico en las aulas para que cristalice dentro de las mismas y en la sociedad. Y, en tercer lugar, es necesario que tenga como característica principal el erigirse en una Educación para la Ciudadanía Global Crítica, que fomente y empuje al estudiantado tanto a cuestionar las injusticias sociales y desigualdades como a enfrentarse a ellas y solucionarlas, con metodologías aliadas y coherentes con dichas aspiraciones.

En definitiva, resulta perentorio que se diseñe un nuevo currículum educativo que tenga como principal motor del cambio a la ECM en su variante más crítica, que en cada asignatura exista un eje transversal de la Educación para la Ciudadanía y que no se limite a ser una asignatura más, sino que se contemple con mirada horizontal y vertical, y con coordinación con el resto de las materias. Quizá en las nuevas situaciones de aprendizaje se halle el nicho de oportunidad para estas aspiraciones.

Referencias bibliográficas

Arbués Radigales, E. y Naval Durán, C. (2020). La Educación Cívica en España. Cinco últimas décadas de vicisitudes legislativas. Cuestiones Pedagógicas. *Revista de*

Ciencias de la Educación, 2(29) [Cinco décadas después de la Ley General de Educación], 92-103. https://doi.org/10.12795/cp.2020.i29.v2.07

Ley Orgánica 3/2020 de 29 de diciembre, por la que se modifica la Ley Orgánica 2/2006, de 3 de mayo, de Educación. *Boletín Oficial del Estado, 340*, de 30 de diciembre de 2020. https://www.boe.es/buscar/doc.php?id=BOE-A-2020-17264

Consejo de Europa (2016). Competencias para una cultura democrática: Convivir en pie de igualdad en sociedades democráticas culturalmente diversas.

Consejo de la Unión Europea (2018a). Recomendación del Consejo de 22 de mayo de 2018 relativa a la promoción de los valores comunes, la educación inclusiva y la dimensión europea de la enseñanza. *EUR-Lex.*

Díaz-Barriga, A. (2005). La educación en valores: Avatares del currículum formal, oculto y los temas transversales. *Revista Electrónica de Investigación. Educativa*, 8 (1).

García Álvarez, D. (2023). Educación para la ciudadanía y dimensión europea en nuevo currículo para la Enseñanza Secundaria Obligatoria (ESO). *Gestión y Análisis de Políticas Públicas*, (32), 68-80. doi: https://doi.org/10.24965/gapp.11093

García-Martín, L. (2021). Ley Orgánica 3/2020, de 29 de diciembre, por la que se modifica la Ley Orgánica 2/2006, de 3 de mayo, de Educación «BOE» núm. 340, de 30 de diciembre de 2020 [BOE-A-2020-17264].

LOMLOE, un repaso a la octava ley educativa de la democracia. *Ars Iuris Salmanticensis*, 9, 297-304.

Ley Orgánica 2/2006, de 3 de mayo de Educación. Boletín Oficial del Estado, 116, de 24 de mayo de 2006. https://www.boe.es/buscar/act.php?id=BOE-A-2006-7899

Ministerio de Educación, Formación Profesional y Deportes (2023). *PISA 2022. Programa para la Evaluación Internacional de los Estudiantes. Informe español*. OECD.

Negrín, M. A., & Marrero, J. J. (2021). La nueva Ley de Educación (LOMLOE) ante los Objetivos de Desarrollo Sostenible de la Agenda 2030 y el reto de la COVID-19. *Revista de la Asociación de Inspectores de Educación de España* (35), 1-42. doi: https://doi.org/10.23824/ase.v0i35.709

OCDE (2018). *El programa PISA de la OCDE: Qué es y para qué sirve*. OECD.

OCDE (2022). *Panorama de la educación. Indicadores de la OCDE 2022. Informe español.* OCDE.

OECD (2020). *Trends Shaping Education 2019*. OECD. doi: 10.1787/trends_edu-2019 en

Penalva, J. (2008). Análisis crítico de los aspectos teóricos del currículum flexible y abierto. Consecuencias educativas. *Revista de currículum y formación del profesorado*, 11 (3).

Ponce-Diaz, N., Martínez-Usarralde, M. J., y Beltrán-Llavador, J. (2021). «Higher Education as a Common Good? Some considerations in light of the Sustainable Development Goals (SDGs) and University Social Responsibility (USR)» (pp. 43-60). In M. Alcantud (Ed.), *Research, Teaching and Actions in Higher Education on the UN Sustainable Development Goals*. Cambridge Scholars Publishing.

Rodríguez Lestegás, F. (2007). Educación para la ciudadanía: el gato ya tiene su cascabel. Contextos educativos. *Revista de Educación*, (10), 81-90. doi: https://doi.org/10.18172/con.580

Saito, Y., Edwards Jr, D. B., Sustarsic, M., & Taira, D. (2023). The Onto-Epistemic Foundations of Global Governance and Global Education Policies: A   Decolonial

Analysis of Global Citizenship Education in Hawai. *Comparative Education Review*, 67(4), 727-748. https://doi.org/10.1086/726613

Schwartz, S. H. (2012), «An overview of the Schwartz Theory of Basic Values», Online *Readings in Psychology and Culture, 2/1.* doi: http://dx.doi.org/10.9707/2307-0919.1116

Secretaría General Técnica del Ministerio de Educación y Formación Profesional, & Trigo, A. (2018). *PISA 2018: Competencia financiera. Informe Español.*

Tawil, S. (2013). La educación para la «ciudadanía mundial»: marco para el debate. Investigación y Prospectiva en Educación UNESCO. *[Documentos de   Trabajo ERF, No. 7].*

Tikly, L. (2017). «The future of Education for All as a Global Regime of Educational Governance». *Comparative   Education   Review,   61,   22-57.*   doi: https://doi.org/10.1086/689700

UNESCO (2015). *Replantear la educación ¿Hacia un bien común?* UNESCO.

UNESCO (2017). Conceptos de ciudadanía mundial integrados a los lineamientos curriculares de 10 países: análisis comparativo. IBE/2017/WP/CD/09

UNESCO Education Sector (2018). Global Citizenship Education and the rise of nationalist perspectives: Reflections and possible ways forward. UNESCO

UNESCO. (2021). Educación para la ciudadanía mundial. UNESCO.

UNESCO-OREALC (2018). Global Citizenship Education in Latin America and the Caribbean: Towards a world without walls: global citizenship education in the SDG 4 – E2030 Agenda. UNESCO.

UNESCO-UNODC (2019). *Empowering students for just societies: a handbook for primary school teachers.* Paris: UNESCO.

Vázquez Ramil, R., & Porto, Á. S. (2020). Temas transversales, ciudadanía y educación en valores: de la LOGSE (1990) a la LOMLOE (2020). *Innovación Educativa, 30,* 113-125. doi: https://doi.org/10.15304/ie.30.7092

Walker, M. (2020). Failures and possibilities of epistemic justice, with some implications for higher education. *Critical Studies in Education, 61*(3), 263-278. doi: 10.1080/17508487.2018.1474774

Currículo, pensamiento crítico y actitud filosófica: la perspectiva filosófica

Amparo Zacarés Pamblanco, UJI

Si en algo se destaca la filosofía es en su actitud de no ver claro, de no aceptar sin más lo que proponen los lugares comunes, las frases hechas y esa previsión que está anclada en el lenguaje y que, de manera automática, nos hace entender cuánto nos rodea sin posibilidad de cuestionamiento alguno. En gran parte, ayudar a romper esa inercia es tarea del proceso de enseñanza-aprendizaje de la filosofía. Por este motivo, suelo recordar que la filosofía no se ajusta bien a la «pedagogía del currículo». De hecho, no es fácil abordar en las aulas la necesidad de no ver claro aquello que de partida se tiene claro, ni de reconocer que más que aprender a saber hay que atreverse a ignorar. Xavier Rubert de Ventós (1993:15-16), en un libro que tuvo mucha resonancia cuando se publicó, decía:

En vez de buscar una explicación, una fórmula, un concepto o un exorcismo que suavice nuestro horror al vacío intelectual y nuestro terror ante lo desconocido, la actitud filosófica es aquella que osa demorarse y hurgar en la perplejidad misma. De ahí que, por tercera vez ya, debamos invertir la sentencia: el clásico *noscere audere* (osar saber) debía suplirse o al menos complementarse con un *nescere audere* (osar ignorar).

Una exigencia propiamente filosófica que no es fácil de seguir ya que existe cierta resistencia a salir de nuestra zona de confort, máxime cuando la filosofía no proporciona «ni la *seguridad* que nos ofrece la ciencia, ni el *placer* que produce el arte, ni el *consuelo* que puede darnos la religión» (1993:15). Si además añadimos la proliferación de imágenes que desde distintos medios de comunicación nos bombardean a diario y que ha provocado la normalización de una visión sin mirada, caeremos en la cuenta de que enseñar filosofía no sólo es solo complicado sino también necesario. Y lo es porque las imágenes que proceden de la pantalla del televisor, del móvil o del ordenador contribuyen a la ficcionalidad de la realidad y esa misma dinámica provoca la ceguera ante lo real y bloquea nuestra capacidad de reacción y de crítica. Esa tendencia es la que tendría que desactivarse para formar a jóvenes adolescentes que han de afrontar la complejidad de la sociedad actual.

Ya he adelantado que no es tarea fácil en tanto que la filosofía es un saber crítico, contraintuitivo y emancipatorio, pero no por ello hay que desistir y caer en el pesimismo. En esta dificultad anida el dilema entre «enseñar a filosofar» (Kant) o «enseñar filosofía» (Hegel). Ambas posturas pedagógicas pueden parecer excluyentes, pero, a mi entender, las diferencias entre estas dos opciones puede ser más una cuestión de énfasis que de fondo. Para ello hay que reconocer que los conocimientos transmitidos históricamente poseen un valor didáctico y que la actitud filosófica no es espontánea sino aprendida y culta. Aun así, es cierto que existe una actitud cotidiana de asombro hacia lo que nos rodea, pero también lo es que, cuando los interrogantes versan sobre cuestiones desafiantes, resulta determinante saber cómo han sido planteados en épocas pasadas. En este sentido, hay que comprender la filosofía dentro de un proceso histórico en el que los seres humanos, impelidos por las necesidades de su época, se formulaban preguntas y las respondían desde el ejercicio de la razón.

1. El dilema: enseñar filosofía o enseñar a filosofar

La filosofía trata de educar la mente para plantearse interrogantes atemporales o actuales, buscando respuestas que abrirán nuevas preguntas. Esta predisposición a la curiosidad por saber tendría que ser la que germinase entre el alumnado. Pero ¿cómo saberlo? Un indicador sería que comenzasen a ver que las cosas no están tan claras como pensaban y que muchas veces incluso son exactamente al revés de lo que por lo general se piensa o se dice. Claro está que para trasmitirlo y saber que no se sabe, hace falta una metodología dialógica que combine la presentación de las preguntas y de las teorías filosóficas que marca el currículum. De este modo, el dilema se establece entre enseñar contenidos, conceptos y teorías o bien enseñar un saber procedimental que ofrezca destrezas y competencias. Una cuestión que toma tintes diversos por imperativo del temario que ha de trasladarle al aula. Así, mientras que la materia de 1º de Bachillerato contiene diversas áreas temáticas, la de 2º de Bachillerato presenta un enfoque histórico al que se añade los planteamientos teóricos de la prueba EVAU. En cualquier caso, ambos cursos precisan un ajuste didáctico que sopese un procedimiento pedagógico u otro. Lo importante es estimular la capacidad de pensar con autonomía, con rigor lógico y con imaginación creativa. A simple vista, parece que la balanza se incline hacia la posición kantiana, aunque no hay que desestimar el criterio hegeliano que considera esencial conocer cómo se han presentado y resuelto las cuestiones filosóficas fundamentales a lo largo de la historia.

En este dilema hay que recordar que la filosofía nació como un diálogo vivo en continua interrogación y que, desde entonces, nos invita a detenernos a reflexionar sobre los múltiples aspectos que encierra la vida. En realidad, la filosofía conduce a un renacimiento o a una renovación al impulsarnos a decir no a lo que se cree saber y al poner en duda nuestros hábitos y nuestras costumbres. Por este motivo, la docencia de la filosofía inquieta tanto al *establishment*. Ha sido así desde sus comienzos en Atenas, cuando no se necesitaban manuales ni currículo. De ahí que quienes se detienen a pensar y a cuestionar certezas, resulten ser un peligro para las convicciones sociales y personales más profundas. En palabras de Célile Guérard:

Insolente, el filósofo, molesta con preguntas que nadie hace. O que abordamos en la vida cotidiana sin tomarnos tiempo a detenernos realmente en ellas: un nacimiento, un luto, una historia de amor, el encuentro con el Mal, por ejemplo. Modesto, Sócrates interrumpe los seguros andares de sus conciudadanos con una frase: «Solo sé que no sé nada». Saber la propia ignorancia: sin esta toma de conciencia no hay filosofía. Poder asombrarse es maravilloso: tomamos conciencia de que tenemos un corazón y una razón. El asombro es un prólogo al recomienzo. Despierta el mundo a cada instante, vuelve a cuestionarlo. Eso adopta un aspecto de provocación. Las certidumbres más confortables que la duda, las ideas recibidas vehiculadas por la familia, la escuela, la sociedad, nos dispensan de pensar. Preferimos equivocarnos con muchos que tener razón a solas. (2002: 8)

En este párrafo se encuentran varias indicaciones útiles. La primera que no hay tema menor para el pensamiento, la segunda que la filosofía está conectada con la vida y la tercera que el asombro supone la toma de conciencia de la propia ignorancia. Además, al final, incluye la reticencia habitual a pensar y a no sufrir el rechazo social.

Con todo, una cierta distancia con la cosmovisión que se hereda ha de estar siempre presente para motivar un pensamiento crítico, imaginativo y autónomo. De ahí que la docencia de la filosofía haya de ayudar a pensar, a contrastar lo que se sabe y a averiguar sus condiciones de posibilidad y de coherencia. Con esta finalidad hay que desarrollar destrezas asociadas a la deliberación crítica y a la fundamentación de los propios juicios para no caer en falacias o entimemas. En todo ello resulta primordial el diálogo, animando al alumnado a expresar sus opiniones, argumentando bien y respetando las reglas básicas del razonamiento para evitar caer en sesgos y arbitrariedades.

Es en este marco donde las dos posturas, la kantiana y la hegeliana, se complementan y pueden considerase simultáneamente gracias a la transversalidad que permea la formación educativa que debe de recibir el alumnado. Con esta finalidad, la práctica docente debe adoptar una actitud pedagógica en la que todas las materias trabajen al unísono y en la que los contenidos no se ciñan a un único espacio curricular específico. Se trata de llevar al aula una praxis docente que ofrezca una visión de conjunto y lo más multidisciplinar posible. Por ello, la transversalidad supone llegar a acuerdos tanto sobre qué valores trasmitir, cuándo y cómo trasmitirlos. En este sentido, hay que priorizar el trabajo en equipo entre el profesorado de las diversas materias para promover una educación vinculada a la formación y no tanto a la información o instrucción. Este ideal, más cercano a la *paideia* clásica que a la pedagogía por objetivos, tendría que servir de inspiración a todo el profesorado y no solo al que tiene bajo su responsabilidad la disciplina de la filosofía en la enseñanza secundaria y en el bachillerato.

Sin embargo, no quiero dejar de mencionar que tal objetivo tiene como mayor dificultad la extensión de los currículos, la ratio y la distribución del espacio en el aula. No parece que estos aspectos relativos al currículo, a la ratio y al espacio, vayan a cambiar pronto pero no por ello hay que tirar la toalla. Más bien, hay que asumir con realismo el reto de desarrollar entre el alumnado la capacidad dialéctica de formularse interrogantes e intercambiar razones. Todo ello con la finalidad de hacer ver que la filosofía y la historia del pensamiento no es un saber inútil y ajeno a la vida, ni un saber contradictorio donde una teoría contradice a otra. En definitiva, el proceso de enseñanza- aprendizaje de la filosofía ha de intentar despertar el interés y la curiosidad del alumnado e invitarles a pensar dentro de un marco histórico, sobre las ideas y las creencias de antaño y las de hoy, para que se adueñen de su propio aprendizaje, desarrollen su capacidad intelectual, ética y estética y adquieran las competencias necesarias con las que superar los retos que conlleva la complejidad de la sociedad del siglo XXI.

Aun así, hay huir de la imagen del profesorado como si fuera el Atlante que lleva a sus espaldas todo el peso del mundo. Ya se sabe, educa la tribu, la comunidad educativa y la sociedad entera. No lo voy a negar, pero, por eso mismo, hay que saber reconocer las múltiples contingencias que interfieren en los resultados educativos sin caer en el desánimo. Sobre todo, no hay que perder de vista que se filosofa siempre desde el presente y que, cuando se recurre a las grandes temáticas filosóficas del pasado, no es con afán erudito sino para responder a las exigencias de una verdad o una realidad contextualizada. Al respecto, la enseñanza de la filosofía no debe introducir los contenidos de estudio como si fueran un cosmos a parte y objetivo, desligado del tiempo presente al que pertenecieron. En consecuencia, hay que trasmitirle al alumnado que el pensamiento se constituye desde el presente y que la investigación del pasado se hace con la voluntad de proyectarnos hacia el futuro. Es así cómo, la filosofía puede servirles de orientación y ayudarles a entender la época que les ha tocado vivir. Y esa es la indicación expresa que contiene el marco normativo de la Ley Orgánica 3/2020, de 29 de diciembre, que se conoce como LOMLOE.

2. Alfabetización digital: hiperconectividad e inteligencia artificial

La alfabetización digital guarda relación con la hiperconectividad y el aceleracionismo tecnológico de nuestro tiempo. No podemos entender nuestro presente sin esa filosofía del conocimiento interconectado y la capacidad de compartir todo tipo de información mediante su difusión en la red. Esta revolución digital exige saber navegar por la red, buscar información, usar el correo electrónico o trabajar de manera colaborativa a partir de herramientas creadas exprofeso como web, blogs o wikis. A tal fin, la LOMLOE señala el desarrollo de la competencia digital como uno de los enfoques clave a considerar para «adaptar el sistema educativo a lo que de él exigen los tiempos a que nos enfrentamos»[1]. Es un hecho que el alumnado, como nativo digital, según terminología acuñada por Marc Prensky (2011), se motiva con la búsqueda de contenidos a través de las TIC, mientras que el profesorado ha de guiarle diseñando el proceso de aprendizaje para proporcionarle cuestiones a las que ha de responder. Es más, gran parte del proceso de socialización ocurre hoy en el ciberespacio y, a decir de la filósofa Remedios Zafra (2012), vivimos en un cuarto propio conectado, en una habitación *on line* donde el espacio virtual sustituye al presencial y desde donde autogestionamos nuestro yo. Nuestro mundo es ya el de la Cuarta Revolución Industrial, donde las profesiones más solicitadas exigen habilidades relacionadas con las TIC y la cultura digital. Esta gran plataforma virtual hiperconectada es el cimiento fundamental sobre el que se ha edificado el presente. No por casualidad, al alumnado que ocupan las aulas se les conoce como *tecnomonopolistas,* también llamados «mobile only». Son jóvenes que tienen acceso a todo tipo de información, pero sin llegar a comprender el potencial que ello supone y la exposición a la manipulación que conlleva. Y todo ello se está produciendo dentro de un aceleracionismo tecnológico que no podemos ignorar:

> Esta explosión de las tecnologías de la información ha preparado el camino para una revolución tecnológica sin parangón en la historia de la humanidad. ¿Por qué? Porque las tecnologías de la información están incrustadas en gran parte del resto de las tecnologías, y su avance continuo y exponencial abre la puerta para que en la próxima década las demás tecnologías avancen en su crecimiento exponencial y aceleren su desarrollo hasta límites insospechados. La mayoría de las tecnologías se están digitalizando, y la ubicuidad de las tecnologías de la información posibilitará la llegada de sucesivas oleadas tecnológicas. De forma genérica, nos esperan tres grandes oleadas tecnológicas que se sucederán en los próximos años. La primera oleada que ya ha llegado es la biotecnología; la segunda, que llegará a corto-medio plazo será la inteligencia artificial y la robótica; y la tercera oleada que explotará a largo plazo será la nanotecnología. (Martínez-Barea, 2014: 27).

Biotecnología, inteligencia artificial y nanotecnología son las grandes oleadas tecnológicas que nos abordarán en las próximas décadas. En este panorama, emergen nuevos temas para el pensamiento ante un futuro que se presenta a la vez utópico y distópico. En tal situación, la cuestión didáctica reside en utilizar las herramientas TIC para promover una educación más inclusiva e integral, que fomente el trabajo cooperativo y que favorezca la interactividad entre el alumnado y entre el profesorado y el alumnado. No cabe duda que son muchas las posibilidades y las ventajas de las

---

[1] LOMLOE, Preámbulo, https://www.boe.es/eli/es/lo/2020/12/29/3/con [Fecha de consulta 30/12/2022]

herramientas tecnológicas, sin embargo, hay que tener en cuenta que la función educativa de la filosofía ha de ser la de denunciar la ilusión de emancipación que la racionalidad tecnológica produce y a la vez potenciar el acceso al conocimiento a través de internet para ayudar a reconstruir la praxis colectiva.

Con todo, no hay que olvidar que el ser humano es un ser *in fieri*, en continua creación, y que el lenguaje tuvo un rol determinante en la antropogénesis. Pero, desde que se presentó, en noviembre de 2022, el ChatGPT de inteligencia artificial (IA), son muchos los interrogantes que se plantean ante un porvenir en donde la escritura y el discurso van a poder estar en manos de las máquinas. Solo un año después, la profesora Asunción Gómez-Pérez, que lidera el grupo de Ingeniería Ontológica de la Universidad Politécnica de Madrid, presentó su discurso titulado «Inteligencia artificial y lengua española»[2] para su ingreso como académica en la sede de la Real Academia de Lengua Española. Hoy por hoy, todo lo que rodea a la AI, como disciplina que crea programas para ejecutar operaciones similares a la mente humana, resulta perturbador. No es para menos ya que el aceleracionismo tecnológico aplicado a la palabra y a la voz humana puede llegar a eliminar el lenguaje hablado como el único atributo que Lévi-Strauss consideraba característico de los seres humanos. De ahí que, con su apropiación del discurso humano, la inteligencia artificial, ChatGPT, nos desafíe tanto.

En estos momentos ya no nos preguntamos si pueden pensar las máquinas en los términos que se planteaba Alan Turing en los años cuarenta del siglo pasado. Solo hace unas décadas, la inteligencia artificial aún no podía comprender un libro, pero ahora sí es capaz de responder con acierto a preguntas que exigen comprensión del contenido de un documento. También es posible ya que las máquinas mantengan una conversación por escrito y en lenguaje natural con los seres humanos o bien que redacten un texto a petición de los usuarios. No es extraño, pues, que sintamos temor hacia un futuro próximo, sobre todo cuando no se conocen los entresijos de este tipo de inteligencia artificial que, a través de sistemas informáticos, realizan tareas que suelen requerir la inteligencia humana o biológica. Además, cuando en el siglo pasado se debatía sobre las dos culturas, la literaria y la científica, se hablaba de ellas

---

[2] https://www.rae.es/academico/asuncion-gomez-perez [Fecha de consulta 12/025/20243].

como de dos paradigmas que se ignoraban mutuamente. Pero ahora la situación es distinta, solo hay un grupo que domina el ámbito del conocimiento y es el de la ciencia en todas las ingenierías electrónicas, bien sea para el desarrollo de software y de aplicaciones multimedia, o para la organización industrial y la nanotecnología, o bien para la aeronáutica, la informática y la ingeniería computacional.

En esta perspectiva, los algoritmos han venido a determinar la acción humana bajo criterios de rentabilidad y eficacia. Cada vez más vivimos de espaldas al saber que proporcionan las Humanidades, predominando una formación técnica-racionalista y es esta unidireccionalidad la que hace urgente plantearse la pregunta ¿cómo educar para la era de la AI? Una cuestión indicativa de lo apremiante que resulta restaurar lo humano en el horizonte inmediato de lo posthumano. En suma, un interrogante al que no podemos darle la espalda, con el objetivo didáctico de generar una visión crítica de la autocomprensión positivista que la ciencia y la tecnología ofrecen.

3. Alfabetización de género: el currículo omitido de la educación

En este punto cabe hablar de la necesidad de crear una nueva historia no excluyente que considere las cuestiones de género y reconozca el talento y las contribuciones de las mujeres a la historia de la humanidad y del pensamiento. La LOMLOE afirma que hay que tratar «la igualdad de género a través de la coeducación» a fin de fomentar «en todas las etapas el aprendizaje de la igualdad efectiva de mujeres y hombres, la prevención de la violencia de género y el respeto a la diversidad afectivo-sexual, introduciendo en educación secundaria la orientación educativa y profesional del alumnado con perspectiva inclusiva y no sexista»[3] Por este motivo, si antes hablé de alfabetización digital, ahora lo haré de la alfabetización de género.

Antes de avanzar, quiero recalcar que en educación la igualdad ha de ser algo más que un principio programático al que es fácil adherirse por ser políticamente correcto. Hay que tener muy claro que «la igualdad también se aprende», como señala con

---

[3] LOMLOE, Preámbulo, https://www.boe.es/eli/es/lo/2020/12/29/3/con [Fecha de consulta 12/02/2024]

acierto Elena Simón Rodríguez (2011). Ahora bien, para aprenderla es necesario plantearla como objetivo didáctico en las programaciones de las materias escolares y aplicarla dentro de un currículo sistemático y preceptivo. En esa vía, hay que tomar como referencia los artículos 23 y 24 de Ley Orgánica 3/2007, de 22 de marzo, para la igualdad efectiva de mujeres y hombres[4]. En concreto el Artículo 23, se refiere a la educación para la igualdad de mujeres y hombres y el Artículo 24 a la integración del principio de igualdad en la política educativa. Dos artículos que el profesorado ha de conocer porque en el ámbito de las actuaciones educativas se indica que hay que prestar «atención especial en los currículos y en todas las etapas educativas al principio de igualdad entre mujeres y hombres» (Art. 24. 2 a) Además, en este artículo se matiza «la eliminación y el rechazo de los comportamientos y contenidos sexistas y estereotipos que supongan discriminación entre mujeres y hombres, con especial consideración a ello en los libros de texto y materiales educativos» (Art. 24 2b) y «el establecimiento de medidas educativas destinadas al reconocimiento y enseñanza del papel de las mujeres en la Historia» (Art. 24 2f).

Se mire por donde se mire, es obvio que comprendernos y relacionarnos en clave de igualdad es importante para el bienestar de la sociedad. Entender que las relaciones sociales entre los sexos se han construido culturalmente desde la desigualdad porque a lo largo de la historia se ha atribuido más poder y estatus al sexo masculino que al femenino, es tener perspectiva de género. Tomar consciencia de cómo tal desigualdad es la causa última con la que se legitima la violencia contra las mujeres, es tener enfoque de género. A tal efecto, hay que conocer que el término «género» es un concepto, una categoría de análisis, que se refiere a la construcción social y cultural de dos formas distintas de ser humano en base a los atributos sexuales que nos inscriben en un sexo u otro y que ha servido para naturalizar erróneamente qué es ser hombre o ser mujer, asignándoles roles diversos con el consiguiente reparto desigual de poder.

Para llevar al aula este planteamiento, hay que saber que fueron los estudios de género (Gender Studies) que surgieron en la década de los 70 del siglo pasado, en Estados Unidos y en Gran Bretaña, los que recogieron a nivel universitario todas las

---

[4] LO 3/2007 para la Igualdad efectiva de mujeres y hombres https://www.boe.es/buscar/act.php?id=BOE-A-2007-6115 [Fecha de consulta 12/02/2024]

reivindicaciones emancipatorias de las mujeres que se producían en esos momentos en las sociedades desarrolladas. A partir de entonces ya no se trataría solo de escuchar a las mujeres, sino fundamentalmente de revisar el paradigma epistemológico con el que se había abordado la historia del pensamiento, de la ciencia, de las artes y de la cultura en general. De tal manera que este tipo de alfabetización debe programar como objetivo didáctico esa otra Ilustración que, más allá de Voltaire y Rousseau, visibiliza cómo las mujeres después de contribuir a forjar los principios políticos de la modernidad (libertad, igualdad y fraternidad), han tenido que luchar por sí mismas para conseguir unas condiciones que hicieran sus vidas dignas de ser vividas. Por tal motivo, hay que llevar al nivel de concreción curricular de aula cómo la Ilustración que presentó en el siglo XVIII un modelo de igualdad universal para todos, dejó fuera de esa igualdad a los pueblos colonizados y, por supuesto, a las mujeres. Hay que hacer comprender que la igualdad jurídica y social para las mujeres no se cumplió en la redacción de las declaraciones constitucionales de las colonias americanas ni en la *Declaración de los Derechos del Hombre y del Ciudadano* (1789). Hay que trasmitir que tuvieron que ser dos mujeres quienes criticaran esa exclusión. Fueron, como se sabe, Olympe de Gougues con su *Declaración de los derechos de la Mujer y de la Ciudadana* (1791), y Mary Wollstonecraft con la *Vindicación de los Derechos de la Mujer* (1792). Sus escritos fueron cruciales, pero aún tendrían que pasar dos siglos para que se redactasen textos, de valor normativo o judicial, que de manera explícita hablaran de los derechos de las mujeres. Por ello es esencial conocer el sesgo androcéntrico de la *Declaración Universal de los Derechos Humanos* de París de 1948 y la importancia que tuvo, a finales del siglo pasado, declarar los derechos de las mujeres y de las niñas como parte inalienable de los derechos humanos universales, tal como aparece formulado en el artículo 14 de la *Cuarta Conferencia Mundial sobre la Mujer* de Beijing (1995), donde por primera vez se dice expresamente que «los derechos de las mujeres son derechos humanos».

Finalmente, no puedo concluir este apartado sin referirme al proyecto europeo Erasmus + Women's Legacy que lidera la Consellería de Educación y Cultura de la CV y que está coordinado por la investigadora Ana López-Navajas. Este proyecto centra sus investigaciones en crear exprofeso contenidos didácticos para visibilizar las aportaciones de las mujeres en las artes, en las ciencias y en la historia de la humanidad, dentro del currículo educativo europeo. La finalidad de este proyecto trasnacional, entre España, Escocia, Italia y Lituania, es lograr una visión completa y no sesgada de la historia de la humanidad que contemple los referentes femeninos con el reconocimiento que merecen. De este modo, se quiere facilitar a la práctica docente un banco de recursos libre del androcentrismo que durante siglos ha dominado el conocimiento.

Su objetivo básico es el de presentar la historia del pensamiento como un proceso coral en el que han participado tanto mujeres como hombres. Ellas han estado siempre y han sido muchos sus logros y no solo han sido olvidadas sino también borradas de los libros de texto. Recuperarlas, nombrarlas y estudiarlas no es tan solo una cuestión de justicia de género sino también de rigor académico. Ya no cabe hablar de Pitágoras, Anaxagoras de Clazomene, Asclepío, Galeno, Aristóteles, Newton, Einstein, Heidegger u Ortega y Gasset sin considerar a Teano, Hipatia de Alejandría, a Trótula de Salerno, Hildegarda de Bingen, Émilie du Châtelet, Mileva Maric, Hannah Arendt o María Zambrano. Por este motivo, la didáctica de la filosofía ha de incluir la igualdad como un objetivo didáctico en el nivel de concreción curricular de la programación de aula y dentro de su currículo general. En lo fundamental el profesorado ha de comprender la necesidad de sacar a las mujeres de los márgenes de la historia de la filosofía, máxime cuando han estado presentes en todos los movimientos culturales de su época y han sido muchos sus méritos. Lo importante es entender que se trata de un cambio epistemológico de calado y que «la inclusión de las mujeres en la historia necesita de la redefinición y ampliación de nociones tradicionales del significado histórico» (Scott: 2000:267). Este nuevo paradigma, no consiste en presentar una «historia de mujeres» aparte sino en crear *una nueva historia* no excluyente que contenga las cuestiones de género. En definitiva, visibilizar y poner en valor el legado intelectual de las mujeres es preceptivo en la praxis educativa para que la historia de la filosofía no sea incompleta y falsaria.

4. Alfabetización ético-estética: sociedad del espectáculo y mercado globalizado

Si el objetivo de la enseñanza-aprendizaje de la filosofía se dirige a problematizar de manera crítica el presente en base al beneficio emancipatorio que ello supone, se comprenderá que la docencia de la filosofía no pueda reducirse a cumplir determinadas expectativas sobre su rendimiento. Aquí cabe de nuevo una mención a Kant quien, a decir de Foucault (2006), convirtió la pregunta por el presente histórico en un problema para el pensamiento. Fue él quien por primera vez tematizó filosóficamente el presente en el que se vive, del que se es actor y espectador, al escribir: «¿Qué es la Ilustración?» (1784) y «¿Qué es la Revolución?» (1798). En estos artículos la cuestión que planteó por primera vez fue la pregunta: ¿qué pasa ahora? o también ¿qué es lo que en el presente tiene sentido para la reflexión filosófica? Y si para Kant su propia actualidad le llevó a preguntarse por la Ilustración y la Revolución francesa, nuestro presente obliga a pensar y preguntarse por el entramado económico, político y sociocultural en el que ahora estamos viviendo, sobre todo porque la globalización pone la tecnología al servicio del poder político y económico y tiene como finalidad el control de un modelo único de pensar y de vivir. Dado que la escuela refleja la sociedad en la que se vive, no es posible obviar tal contexto globalizador, donde la razón instrumental predominante consolida el poder de los mercados y anula el pensamiento crítico. De ahí que la sociedad actual haya devenido en una sociedad postfilosófica, en donde sólo parece existir para la humanidad un futuro elaborado por unas élites económicas trasnacionales que defienden sus propios intereses. Es entonces cuando más preciso se hace interrogarse sobre si estamos en un proceso de regresión o de extinción y, en esta disyuntiva, la enseñanza-aprendizaje de la filosofía es hoy más necesaria que en otras épocas y tiene la función de alertarnos de una geopolítica construida sin ideales, sin justicia ni solidaridad. La profesora Blanca Muñoz lo resume muy bien:

> Todo ha sido invadido por una denominación «manejable». Un sometimiento que esclaviza «suavemente» con estrategias psicológicas en el mundo tecnológicamente desarrollado, y asimismo con extremada dureza en los países empobrecidos por las neocolonizaciones contemporáneas. En consecuencia, la sobrealienación en los Países del Primer Mundo y la sobreexplotación en los países del Segundo y Tercer Mundo resumen de la geopolítica contemporánea, en la que se nos trata de convencer con sus planeadas y prosaicas imágenes cotidianas que hemos llegado a «un fin de la Historia», en la que como si fuésemos simplemente una especie zoológica nos tenemos que conformar y, sobre todo, renunciar a nuestra auténtica esencia humana de imaginar, crear y realizar una Historia habitada por seres conscientes y humanizados (Muñoz, 2011:66).

En esta línea argumentativa la filosofía debe de provocar debates sobre el auténtico significado de la justicia, del derecho, de la jerarquía de los valores y de la corrección o rectitud de las normas morales. Los seres humanos no hemos de dejar de cuestionarnos los principios de nuestras acciones, la finalidad de nuestras sociedades, la validez de nuestros sistemas de normas o la legitimidad de los poderes que se nos imponen y toman las decisiones según sus propios intereses de dominio. Por eso mismo, dentro de los programas de estudio, la filosofía ha de conservar toda la carga emancipadora de sus orígenes. En esta tesitura, la LOMLOE reconoce «la importancia de atender al desarrollo sostenible de acuerdo con lo establecido en la Agenda 2030»[5] y es aquí donde caben las consideraciones didácticas vinculadas a la ética y la estética. En este sentido, hay que saber que los objetivos y metas de desarrollo sostenible se dirigen a tratar temas vinculados a la aporofobia, la ecología, el empoderamiento de las mujeres y los derechos humanos. Quiero decir que la sostenibilidad no se refiere únicamente a tratar cuestiones de producción y consumo responsable o a generar hábitos de reciclaje para frenar la degradación ambiental, sino que se enclavan dentro del diseño de una sociedad futura más justa y democrática[6]. En este horizonte debe de considerarse que la población juvenil consume a diario productos audiovisuales y que es preciso educar su mirada. Al profesorado de filosofía no le puede pasar por alto que la mayoría de los relatos y las narrativas contienen imágenes dirigidas a potenciar el consumo masivo de un público que no ha recibido alfabetización audiovisual y que es fácil de manipular. De ahí que la labor educativa no pueda desentenderse de la función de los medios audiovisuales que, como tecnologías sociales, tienden a naturalizar lo que no es más que el resultado de una compleja construcción social. Después de todo, la imagen no es un mero fenómeno óptico sino una construcción social. Así pues, para entender la dimensión de este proceso hay que recordar que los medios de comunicación de masas, así como las redes promueven una suerte de unidimensionalidad satisfecha donde circulan todo tipo de discursos de odio, xenófobos y misóginos.

En los mass-media omnipresentes, el imaginario audiovisual suele ahondar más que limar todo tipo de estereotipos. Lo cotidiano se interpreta a través de un

---

[5] LOMLOE, Preámbulo, https://www.boe.es/eli/es/lo/2020/12/29/3/con [Fecha de consulta 12/2/2024]
[6] https://www.un.org/sustainabledevelopment/es/sustainable-development-goals/ [Fecha de consulta 12/2/2024

planteamiento iconógrafíco colectivo donde de manera sutil se trasmiten preconceptos y prejuicios. Es más, en las aulas encontramos generaciones visuales que erigen sus universos de referencia a través de imágenes veloces, casi nunca a través de conceptos. Este hecho revelador, obliga a pensar nuestra labor de ilustración en el sentido más clásico de la palabra ya que al no saber decodificar las imágenes, se instaura en estas generaciones audiovisuales, un tipo de analfabetismo audiovisual que cada vez les hace más vulnerables a la manipulación. No saben leer críticamente la imagen y están doblemente manipulados, como consumistas impulsivos que son por ser jóvenes y como analfabetos de la retórica publicitaria. De ahí que intentar decodificar en el aula la lógica persuasiva del cartel publicitario y de otros productos audiovisuales, forme parte de la innovación educativa en la enseñanza-aprendizaje de la filosofía.

Y junto a ello hay que recalcar la socialización que procede del ciberespacio en el que se propagan todo tipo de mensajes misóginos. Es lo que se conoce como «manosfesra», concepto que procede del inglés *man* (hombre) y *sphere* (esfera) y que se utiliza para definir al conjunto de espacios virtuales que reúnen a una multitud de movimientos machistas basados en la propagación de discursos contra las mujeres. Resultan alarmantes los datos de 2022 del Barómetro de Juventud y Género del Centro Reina Sofía sobre Adolescencia y Juventud de la FAD. En esta investigación, uno de cada cinco adolescentes y jóvenes varones, de entre 15 y 29 años, cree que la violencia de género es una invención ideológica que no se cumple en la realidad. Por el contrario, el 21,8% de las chicas de esa misma franja de edad ha padecido que su pareja le revise el móvil; el 20,5% ha tenido relaciones no deseadas; el 18,2% ha sufrido alguna táctica de control y el 16,7% se ha visto insultada y humillada de manera sexista. Preocupa y mucho el avance del negacionismo de la violencia de género y del machismo entre una juventud que consume contenidos pornográficos de fácil acceso en internet.

En este punto, el profesorado tiene que saber que negar la violencia de género va contra el ordenamiento jurídico. Sobre todo, ha de conocer que el maltrato a las mujeres existe desde siempre y que el término violencia de género es un concepto nuevo que indica que la violencia contra las mujeres no es una cuestión privada sino un problema que exige políticas de Estado para erradicarla. Comprender la transformación fundamental que supuso admitir que los derechos de las mujeres son derechos humanos y que la igualdad entre mujeres y hombres es una cuestión de interés universal, supuso un salto cualitativo en el Derecho que quedó reflejado, a nivel legislativo en España, con la Ley Orgánica 1/2004 de Medidas de Protección Integral contra la Violencia de Género[7] y la Ley Orgánica 3/2007 de Igualdad efectiva entre Mujeres y Hombres. Estas leyes son cruciales porque ofrecen el marco adecuado para tratar la violencia contra las mujeres como un problema de salud pública que afecta al bienestar de la sociedad entera. Ambas leyes consideran una prioridad política la erradicación de esta lacra social desde el ámbito educativo, policial y judicial. Y, ambas leyes, se complementan al ser la desigualdad, con la que históricamente se han construido las relaciones entre los sexos, la causa originaria de la violencia de género y que es más o menos evidente según el área geopolítica de la que se trata.

En consecuencia, a mayor desigualdad, mayor violencia. De ahí que haya que educar en y para la igualdad a fin de combatir este tipo de violencia específica contra las mujeres. De ahí también que los logros y las deficiencias de la Ley Orgánica 1/2004, se analicen en conjunto con la Ley Orgánica 3/2007 para la Igualdad Efectiva de Mujeres y de Hombres. Esa orientación es la que ha de seguirse, para empoderar a las jóvenes y, a la vez, potenciar entre los jóvenes una masculinidad igualitaria. En esa línea, hay que deshacer tópicos como que la violencia de género la sufren solo las mujeres adultas o que los maltratadores únicamente proceden de ámbitos sociales desarraigados. La única condición para sufrir violencia de género es ser mujer y no importa la edad, ni la posición social, ni tener o no estudios. De igual manera, el riesgo de convertirse en un maltratador existe cuando se han interiorizado las ideas machistas y asumido ciertos privilegios sobre las mujeres por el solo hecho de ser varón. Tampoco, aquí, importa la edad, la posición social o tener o no estudios. Lo esencial es comprender que la socialización diferencial de género afecta por igual a chicas como a chicos y que va pareja la posibilidad de convertirse en víctima o victimario. Es preciso que el profesorado sepa aclarar los términos y sepa responder con el ordenamiento jurídico, con datos estadísticos, con fechas históricas y casuística, los interrogantes que el alumnado le traslade. La forma de preguntar es ya

---

[7] LO 1/2004 de Medidas de Protección Integral contra la Violencia de Género. https://boe.es/buscar/act.php?id=BOE-A-2004-21760 [Fecha de consulta 12/2/2024]

una forma de comportarse y la curiosidad es una aliada de la pedagogía que no debe desaprovecharse. Por este motivo, lo determinante es que el profesorado reciba formación en coeducación, conozca el ordenamiento jurídico y no confunda la igualdad formal con la igualdad real.

5. Educación para la paz: mediación y coeducación

Llegado a este punto, hay que considerar la importancia de la mediación como recurso educativo preventivo de todo tipo de violencia. De nuevo aquí hay que resaltar la importancia de aprender a respetarse y comunicarse en clave de igualdad atendiendo a la diversidad del alumnado. Esta cuestión ha de plantearse dentro de la Educación para la Paz (EpP) que se aplica en los centros escolares desde que de 2001 a 2010 se declaró Decenio Internacional de una Cultura de Paz y no Violencia para Niños y Niñas del Mundo. A partir de entonces la UNESCO, bajo la presidencia de Federico Mayor Zaragoza, difundió la cultura de paz en el ámbito educativo a nivel internacional. Con este objetivo, se potencia el aprendizaje de competencias comunicativas que enseñan a dialogar, a escuchar las ideas ajenas, saber ponerse en el lugar de las otras personas y comprender un punto de vista diferente al nuestro. Ahora bien, estas habilidades, cognitivas y prácticas, solo se aprenden ejecutándolas, de ahí la necesidad de programar talleres didácticos de esa metacompetencia con la que saber del propio saber y comprender si se tiene la suficiente competencia para actuar en términos de la racionalidad humana. Es decir, no se trata solo de saber qué es la empatía o asertividad, sino de actuar con empatía y asertividad y tomar conciencia del propio comportamiento ante los demás.

La mediación está en el núcleo del aprendizaje de tales competencias y consiste en un proceso por el que una tercera persona media o tercia entre otras dos que están enfrentadas para que ellas, por sí mismas, solucionen su conflicto. En este sentido, la mediación no es ni un arbitraje, ni un «buenismo» que acaba dándose las manos sin más y sin reparación alguna. La mediación tiene sus normas y para cumplirlas, el centro escolar ha de crear un equipo de mediación y ofrecer espacios y recursos para el diálogo. De ahí que las leyes educativas hayan incorporado la mediación como una práctica educativa que debe impregnar toda la cultura de centro. Los conflictos, los malentendidos y los desacuerdos suceden a diario con quien se convive o se tiene cerca y hay que saber afrontarlos de manera resolutiva y pacífica. No obstante, el profesorado debe conocer que en los casos declarados de violencia de género no se puede utilizar la mediación porque, ésta, exige voluntariedad e igualdad entre las partes y ambas condiciones no se dan en tales casos. Por eso la Ley Orgánica 1/2004, en el artículo 44, apartado 5, la veta. Aun así, sí que se puede trabajar la mediación de manera preventiva para evitar que se produzcan este tipo de violencia en el centro escolar.

De lo que no cabe duda es que las habilidades comunicativas y sociales que enseña la mediación deben de formar parte de la educación para la igualdad. En este sentido, se deben de reconsiderar ciertas medidas de ajuste para tratar la mediación con enfoque de género ya que los conflictos entre personas de diverso sexo tienen un componente de género que hay que tener en cuenta. Una categorización sencilla clasifica los conflictos en cuatro tipologías: de poder, de relación, de rendimiento y de identidad. Un conflicto de poder es el que se produce cuando una de las partes domina y controla a la otra. El machismo defiende el dominio del varón sobre la mujer y desde este planteamiento son frecuentes los conflictos de poder entre las parejas adolescentes. Es cierto que un conflicto de poder puede surgir ocasionalmente y puede solucionarse dialogando, pero cuando esos conflictos se producen de manera repetitiva y una misma persona quiere tener siempre la razón e imponer su criterio a la otra, hay que prestar atención porque podría tratarse de maltrato. Hay que enseñar que en una relación sana nadie manda sobre la otra persona y ambas se respetan y se muestran afecto y apoyo mutuo. De ahí la importancia de saber detectar pronto los tres indicadores del maltrato que son el poder, el control y el aislamiento. Conductas como que te vigilen el móvil o que te separen de tus amistades y familia, han de servir de alerta y el alumnado, tanto chicos como chicas, ha de aprender a reconocerlos y caer en la cuenta de que son mecanismos de control para no estar en riesgo de convertirse en víctimas o victimarios.

Por su parte, los conflictos de relación se refieren al vínculo que existe entre dos personas. Por lo general, suelen ser conflictos de comunicación, de ahí que haya que aprender a gestionar las emociones y a relacionarse de forma asertiva, sin caer en la agresividad o en la pasividad. En la comunicación, de forma más o menos habitual, concurren todo tipo de inercias sexistas que han perdurado hasta nuestros días y se hace preciso saber desvelarlas. Junto a ello, hay que aprender a emplear un lenguaje inclusivo y evitar el *mansplaning y el mansterrupting.* En el mansplaning se busca la admiración de la interlocutora y se le habla como si no tuviera capacidad de comprensión, mientras que en el mansterrupting se le retira la palabra como ejercicio de poder, dejando de manifiesto quien domina a quien. El primero, se refiere a la táctica por la que los varones les explican a las mujeres algo con condescendencia al creer que ellos tienen más dominio del tema por el solo hecho de ser hombres. Y, el segundo, a la manera de interrumpir de forma brusca el discurso de la mujer conminándole al silencio y a que calle.

En cuanto a los conflictos de rendimiento son aquellos que guardan relación con los resultados del aprendizaje y pueden deberse al mismo proceso de aprendizaje y a otras variables de género, como son los problemas de autoestima, provocados por la falta de reconocimiento que han tenido las mujeres en la cultura. La ausencia de referentes femeninos ha contribuido a ello. Por fortuna, en la actualidad se incluyen las contribuciones femeninas en el currículo oficial para dar una visión amplia y no sesgada de la historia de la humanidad. Esta tendencia, como se ha señalado antes, es la que siguen investigaciones académicas recientes con el fin de visibilizar las obras de autoría femenina y que no queden en los márgenes de la historia. Pero, junto a esta falta de referentes femeninos que tienen las alumnas, en los conflictos de rendimiento hay añadir las cuestiones domésticas de las que todavía se encargan más las jóvenes que los jóvenes. Todavía las alumnas son mayoritariamente quienes se encargan del cuidado de la casa, de los menores o de un familiar enfermo. En esta situación han de compaginar esas tareas con las del estudio. Sucede, sobre todo, cuando el horario laboral de la madre no le permite llevarlas a cabo y las tiene que asumir la hija mayor. De ahí la importancia de educar en la corresponsabilidad que consiste en asumir la responsabilidad compartida que, tanto hombres como mujeres, han de tener en el reparto equitativo de las obligaciones domésticas, de crianza y del cuidado de las personas.

Finalmente, los conflictos de identidad son los que están relacionados con los propios estereotipos de género y los patrones de conducta que deben seguirse para cumplir con las expectativas sociales. Siendo las categorías de hombre y mujer ideales normativos construidos culturalmente, hay que recalcar que, además de identificarse dentro o fuera del discurso normativo imperante, lo que las personas quieren es ser respetadas, poder vivir la diferencia sexual con tranquilidad y socializarse con visibilidad. Es en este punto en el que hay prestar atención a la socialización de género y a los modelos que tradicionalmente se han asignado a hombres y mujeres. A fin de evitar tales conflictos hay que educar sin mandatos de género para que, los y las adolescentes, puedan llevar a cabo el proyecto vital que deseen, optando por las profesiones que quieran. En conclusión, educar para la igualdad es, sobre todo, liberarse de los mandatos de género y aplicar la coeducación en las aulas en base a proporcionar las mismas oportunidades y el mismo trato al alumnado con independencia del sexo al que pertenezcan.

Con este enfoque de carácter inclusivo, la Administración Educativa de la Comunidad Valenciana activó el programa piloto experimental Coeducacentres que se desarrolló durante los cursos 2019-20 y 2020-21 y al que se sumaron un total de 70 centros, a partes iguales entre centros de primaria y secundaria. Se trata de un programa que tiene como factor diferencial abordar los problemas de convivencia escolar desde la perspectiva de género y que se inscribe dentro del aprendizaje organizacional que se ha de realizar para implantar una cultura de centro de igualdad y de paz. Este proyecto, una vez realizado el pilotaje, se ofrece desde el curso 2021-22 en los Centros de Formación del Profesorado de la CV y conlleva la implicación de toda la comunidad educativa. Su finalidad es crear comunidad y auto comprenderse como un todo donde las partes trabajan en cooperación y en una misma orientación con perspectiva de género. Por tal motivo, las personas que conforman la comunidad educativa (alumnado, profesorado, personal no docente y familias) han de saber qué se espera de ellas y cómo pueden contribuir a mejorar el clima de convivencia escolar libre de violencia sexista. Una meta que debe de estar incluida tanto en el proyecto curricular de centro como en el proyecto curricular de aula.

6. Conclusiones

En todo lo referido, hay una apuesta por salvaguardar la esencia del saber filosófico en el ámbito educativo. Por eso mismo, no puedo concluir sin mencionar a Adorno para quien la filosofía ha de incorporar una actitud radicalmente negativa frente a la lógica instrumental dominante con la sospecha de las interpretaciones que las estrategias técnicas del poder imponen sin dar lugar a reflexión. En este sentido, la praxis docente tendría que servirse de la dialéctica negativa que consiste en negar los aspectos irracionales de la sociedad contemporánea. Al respecto, la dialéctica negativa exige nombrar lo que nadie nombra y negar la razón positiva imperante que produce las injusticias. Algo que también consideraba Marcuse al referirse a una educación que formara de acuerdo con la condición humana y la idea de *humanitas*:

Una educación así apuntaría también a una transvaloración de valores fundamentales: requeriría desenmascarar todo heroísmo al servicio de la inhumanidad, el deporte y la distracción al servicio de la brutalidad y la estupidez, la fe en la necesidad de los negocios. Sin duda, estos fines de la educación son negativos, pero la negación es la obra y el modo de la aparición de lo positivo, que ha de crear lo primero el espacio físico e intelectual en que llegar a la vida, y exige por tanto la eliminación del material devastador y sofocante que ocupa este espacio en la actualidad (Marcuse, 1981:80).

Por otra parte, si al profesorado de filosofía se le limitara el derecho a problematizar el presente, bien acomodando las respuestas o decidiendo de antemano qué preguntas son pertinentes, se acabaría con la competencia educativa propia de la reflexión filosófica. En realidad, el aprendizaje de la filosofía se diluiría en nada si no invitáramos al alumnado a interesarse por los fundamentos de sus propias creencias, para que las cuestionen, las pongan a prueba y sepan defender sus puntos de vista. En ello radica la tarea de aprender a pensar por sí mismos y a saber formar sus propias opiniones de manera responsable. De ahí la importancia de animarlos a participar en grupos de discusión, tertulias dialógicas, a escribir ensayos o miniponencians con base argumentativa. A tal fin, como se ha comentado con anterioridad, es necesario que el alumnado aprenda qué razonamientos son válidos y cuáles no. Pero no se trata sólo de que sepan académicamente qué es una falacia *ad hominem* o *ad verecumdiam* sino también que desarrollen un saber metacognitivo que les haga descubrir cuándo las utilizan y corregirlas en consecuencia. No se trata sólo de asumir conceptualmente qué es la asertividad, el autocontrol o la empatía sino desarrollar un saber metaemotivo que les haga descubrir cuándo son o no asertivos y empáticos. En definitiva, combinar la teoría con la práctica y hacerla servir para la vida en sociedad.

Todo lo expuesto se concentra en el objetivo didáctico de inocular la necesidad de pensar y hacer brotar la curiosidad por conocer y saber. De este modo, la enseñanza y el aprendizaje de la filosofía, al mismo tiempo que trasmite lo descubierto y lo conocido culturalmente, ha de velar por no cerrar los problemas que se dan por superados. La filosofía pues, como guarda e intérprete del *logos*, solo es entendible en términos de una crítica ideológica que utilice la autorreflexión para valorar las ventajas y desventajas que supone esta nueva etapa de la humanidad en la que nos encontramos. Sólo desde esta perspectiva puede comprenderse que la filosofía no ha cumplido aún su función y que su enseñanza hay que reivindicarla con ahínco y pasión. De este modo, desde una pedagogía antropológica, la filosofía ha de buscar la narración más que la información tan en auge en esta época de nuevas tecnologías. Con esa orientación, según indicación de Habermas (2002), la filosofía ha de desvelar cómo la historia de la humanidad es algo más que el dominio técnico del ser humano sobre la naturaleza y que la razón es algo más que un órgano adaptativo, como pueden serlo las zarpas o los colmillos en otros animales, ya que los seres humanos no son solo biología o naturaleza, sino también y fundamentalmente cultura.

Caminar hacia una filosofía que combine teoría y praxis es hacer una «filosofía impura», tal como defiende la filósofa Concha Roldán (2023). Esta manera de referirse a la filosofía alude a su función de propedéutica de las ciencias y al imperativo de ir de los conceptos y de los textos clásicos a las preguntas que se generan en la vía pública, en la calle, en el ágora. Esta recomendación por hacer una filosofía, tildada de impura al mezclar teoría y praxis, está más cerca del mandato kantiano que del hegeliano, más inclinada a aprender a filosofar que aprender filosofía. Sin embargo, lo más destacable, desde esta perspectiva, es comprender que la docencia de la filosofía se reivindica en su valor divulgativo y de pedagogía social:

> Hacemos filosofía porque creemos que se puede hacer algo por la realidad, por el mundo que vivimos. La historia es contingente, van cambiando las creencias dadas, se pueden ir replanteando: unas quedan, pero otras se modifican. Así construimos juntos la solidaridad política, que está representada por diferentes multiplicidades. La filosofía lo es por ello una parte constitutiva de la sociedad, que nos anima a tener presencia en los debates de actualidad sob1re temas como la igualdad, la bioética, la laicidad, la violencia, la vulnerabilidad, la biotecnología, las redes sociales, la posverdad (las *fake news*, o mejor, los bulos de toda la vida), el cambio climático, etc. Porque, aunque a veces sintamos ganas de «que paren el mundo, que nos queremos bajar», como también decíamos hace unas décadas, la filosofía no puede eludir la responsabilidad de reflexionar sobre lo que nos rodea. (Roldán, 2023: 36).

En suma, la filosofía en estos tiempos de demagogia y posverdad ha de velar por la cultura, defender el carácter procedimental de la razón y no confundir los fines de la ciencia con los de la ética y la estética. No obstante, la escisión entre instrucción y educación, reflejo de una larga historia de contraposiciones entre teoría y práctica, entre razón y emoción, entre conocimiento y valor, ha dificultado tal tarea. Así pues, presentar el conocimiento como el instrumento de autoconservación que tiene la especie humana para sobrevivir y a la vez trascender la mera supervivencia zoológica, es el objetivo didáctico por excelencia de la filosofía. Por eso mismo, innovar en educación no es separar sino complementar la razón con la pasión, la ciencia con el arte, la ética con la estética. Estos tipos de alfabetización que he tratado (digital, de género, ético y estética) responden a las exigencias de los tiempos que corren. Dentro de este contexto, el profesorado de filosofía ha de reanudar de forma esperanzada su compromiso con la sociedad y, a fin de superar los obstáculos que encontrará en su labor docente, habrá de mantener una actitud lo más esperanzada y realista posible, a la manera que dejaron dicho Horkheimer y Adorno, que se declaraban tanto «pesimistas teóricos» como «optimistas prácticos». Una recomendación que, a mi entender, puede ayudar a cumplir los objetivos de la enseñanza y del aprendizaje de la filosofía en el marco de la pedagogía del currículo.

7. Bibliografía

Adorno, Theodor (2005) *Dialéctica negativa*, Akal, Madrid

Cortina, Adela (2017) *La aporofobia. El rechazo al pobre: un desafío para la sociedad democrática*, Paidós Ibérica

Guérad, Cécile (2002) *Pequeña filosofía para los tiempos variables*, El Barquero, Barcelona.

Habermas, Jürgen (2002) *Conocimiento e Interés: La filosofía en la crisis de la Humanidad Europea*, Valencia, SPUV

Hegel, G.W.F. (2005) *Enciclopedia de las ciencias pedagógicas*, Alianza, Madrid

Kant, Immanuel (1992) ¿Qué es la ilustración?, en *Filosofía de la historia*, Fondo de Cultura Económica

Marcuse, Herbet (1981) *La agresividad en la sociedad industrial avanzada*, Alianza, Madrid.

Martínez-Barea, Juan (2016) *El mundo que viene. Descubre por qué las próximas décadas serán las más apasionantes de la historia de la humanidad*, Planeta, Barcelona.

Muñoz, Blanca (2011) «¿Es real la realidad en tiempos de postmodernidad?». En *La imagen mundializada ¿una iconicidad global?*, Valencia, UV, Col.lecció: Creativitat &

Recerca, nº 2 PRENSKY, Marc (2011) *Nativos digitales*, SM, Biblioteca Innovación Educativa

Roldán, Concha (2023) «La función social de la filosofía» En *Boletín de estudios de filosofía y cultura*, nº XVI, Calanda, Fundación Manuel Mindán.

Rubert de Ventós, Xavier (1993) *¿Por qué filosofía?*, Península, Barcelona

Scott, Joan W. (2000) *El género: una categoría útil para el análisis histórico*. En M. Lamas (Comp.), El género la construcción cultural de la diferencia sexual, PUEG/UNAM, México

Simón, Elena (2008) *Hijas de la igualdad, herederas de injusticias*, Narcea, Madrid. (2011) La igualdad se aprende, Narcea, Madrid

Subirats, Marina (2017) *Coeducación, la apuesta por la libertad*, Octaedro, Barcelona.

Zacarés, Amparo (2019) *Cultura de paz y mediación escolar*, Fineo, México (2021) Feminismo en píldoras, Fineo, Madrid

——— (2024) *La violencia de género explicada a adolescentes*, ACEN, Castelló de la Plana

Zafra, Remedios (2010) U*n cuarto propio conectado. (Ciber)espacio y (auto) gestión del Yo*, Forcola, Madrid.

La educación es un viaje. Carta a Alicia, estudiante del máster universitario en profesorado de educación secundaria. Una perspectiva sociológica

José Beltrán Llavador, UVEG

Enseñar. Un viaje en cómic
William Ayers y Ryan Alexander Tanner

No podemos vivir sin aprender.
¿Por qué tengo que ir a la escuela? Cartas a Tobías
Hartmut von Hentig

Nota previa: *Curiositas*

Lo que sigue a continuación es un balance, inevitablemente incompleto, de algunas reflexiones de los últimos años sobre la educación[1], sobre la actividad de enseñar y aprender; algo que se ha ido convirtiendo en una suerte de «pasión alegre», basada en mi deseo de compartir con estudiantes muy diversos el amor por el conocimiento, la búsqueda incesante de claridad, una *curiositas* que continúa nutriendo esa búsqueda, convertida en un viaje. Esta carta tiene algo de diario también, pues me siento en deuda con los estudiantes a los que

---

[1] Estas páginas se basan en notas previas para algunas intervenciones de los años anteriores y posteriores a la pandemia. Contribuciones al XIII Congreso Español de Sociología de 2019, la presentación del *Marco de Innovación Educativa* en la Conselleria de Educación de la Generalitat Valenciana en 2021, conferencias online a las que fui invitado por Universidades de Portugal y de Brasil, el III Congreso Estatal de Educación de Personas Adultas celebrado en Alicante en 2022, el Encuentro Nacional sobre Educación y Memoria Democrática celebrado en Madrid en 2023.

he venido pidiendo que elaboraran un diario o archivo sociológico en el que expresaran de la mejor manera aquello que iban aprendiendo en mis clases. Pues bien, ahora quiero «predicar con el ejemplo», presentando algunas piezas de mi vida, algunos fragmentos de mi experiencia como docente. También me siento en deuda con aquellas y aquellos colegas[2] que en algunos momentos han llegado a invitarme a escribir con ellos. Y me siento en deuda en la tarea de explicar y explicarme de manera autobiográfica (si bien toda biografía es colectiva, pues somos lo que las demás personas hacen de nosotros), a través de esos procedimientos de imaginación, biograficidad y aprendizaje narrativo, que forman parte de la investigación social y cuyas teorías explico en mis clases de sociología de la educación.

Invitación al viaje

Querida Alicia, has sido una de mis estudiantes durante este curso en el módulo Servicios Socioculturales y a la Comunidad, si bien pudiste haber asistido al módulo de Filosofía, por ejemplo, en el que también he impartido clase. Tienes 32 años, eres madre, y ya tienes el Grado en Maestra de Educación Infantil, oficio que vienes ejerciendo desde hace algunos años.

No pretendo dar ninguna lección, sino compartir contigo –ahora que finaliza mi itinerario profesional y el tuyo ha comenzado hace poco– algunas inquietudes en voz alta (o en escritura pública, casi es lo mismo). Son reflexiones derivadas de la

---

[2] Son muchos los colegas a los que debo agradecer sus enseñanzas e inspiraciones. No puedo mencionarlos a todos, pero sí a los más cercanos en los últimos años en el Departament de Sociologia i Antropologia Social: Juan Ramón Martínez me puso como «deberes» seguir escribiendo cartas después de leer la que dediqué a Laia para hablar de presupuestos participativos. Me regaló el libro que encabeza esta cita y que inspira esta carta. Francesc J. Hernàndez y Alícia Villar me dedicaron su libro *Educación y biografías. Perspectivas pedagógicas y sociológicas actuales* (2016), y de alguna manera debía corresponderles con ese regalo: este texto es una manera afectuosa de hacerlo. Antonio (Toni) Benedito me ha acompañado en conversaciones donde el tiempo desaparecía y con él he podido experimentar «la hora lograda» en la *Universitas studiorum* (Beltrán y Benedito, 2021). Ignacio Martínez, Juan Pecourt, Daniel Gabaldón me han acompañado de manera desinteresada en iniciativas académicas audaces, como el proyecto TO-INN y el *Marco de Innovación Educativa* (2021). Con Miguel Ángel García he compartido no pocas convicciones institucionales en defensa de la sociología, entre otras, el proyecto que prosigue de *Sociología en las aulas* (2022). Más allá del Departamento, la nómina de compañeros y compañeras de viaje, incluyendo tantos estudiantes a quienes he impartido clase durante más de tres décadas, ha sido tan amplia, que sería imposible no cometer olvidos indebidos. Mi familia -mis «otros significativos»- siempre ha sido una ayuda inestimable. Dentro de ella, quiero mencionar a mi «hermano-espejo», Fernando, que como en tantas otras ocasiones ha revisado este texto con detalle y ha hecho correcciones y sugerencias de mejora muy valiosas.

experiencia acumulada de mi actividad docente en la Facultad de Magisterio y en este Máster, entre otros escenarios educativos. He pensado en ti porque has sido una estudiante destacada, aunque el resto también lo sea pues, en general, quienes cursáis esta materia tenéis una sensibilidad social que os caracteriza y distingue de otros perfiles. Pero tú has sido desde el primer día una interlocutora abierta y franca, con una determinación admirable. Venías cada día con la pierna escayolada, apoyada en un patinete para facilitar la movilidad, sin perder la sonrisa y sin la menor queja. Otro motivo es tu nombre, tan evocador y que enseguida asociamos al personaje único y universal del libro de Lewis Carroll, con esa capacidad de atravesar espejos y de cuestionar la lógica del sentido común, que tiene mucho de «locura normal» (Santayana, 1996), o de sin sentido naturalizado (asumido, interiorizado como un *habitus*, como algo obvio o evidente que debemos aprender a desevidenciar).

Espejo y reflejo

La sociología tiene mucho de eso, de espejo o *especulum* en el que espejear y especular para reeducar nuestra mirada sobre el mundo social y sobre quienes lo habitamos, que somos nosotros precisamente, los seres humanos, tú, yo y las personas que nos están leyendo ahora mismo, quizá con algún desconcierto. Algún autor se ha referido al modelo de «mente colectiva» para referirse al trabajo sociológico (Brint, 2009). De la misma manera que se ha dado importancia a la teoría de las «neuronas espejo» (Rizzalotti y Singaglia, 2006) como factor explicativo de los procesos de aprendizaje mediante la empatía. Charles H. Cooley (2005) identifica el yo social con un «yo espejo», y antes George Herbert Mead (1991) había definido el «self» como la capacidad de los seres humanos de objetivarse, considerándose a sí mismos como objetos además de como sujetos. Por otra parte, Kant (2007), en *La crítica del juicio*, había planteado la importancia de ponernos en el lugar del otro.

Un aula –lo sabes bien, Alicia– es un lugar de intercambio de miradas, miradas que encierran perceptos, conceptos y afectos. Un aula –el aula que compartimos en el Máster de secundaria–, puede ser un «círculo cálido» (Bauman, 2003), un espacio en el que, si nos lo proponemos, podemos elaborar conocimiento a base de *sim-patías*, de cordialidad. Es lo que sucedió en la clase de Sociología en el Máster de Secundaria: la clave no está en los estudiantes ni en los docentes, sino en la relación entre unos y otros, en el reconocimiento de una realidad que es relacional. «Lo real es relacional», afirmó en *Razones prácticas* Bourdieu (1997: 13), dando un giro al postulado de Hegel (2000), en *Filosofía del Derecho*, de que todo lo real es racional. Cada uno somos espejo y reflejo para los demás, somos la relación que mantenemos con los otros, somos el diálogo que mantenemos con la alteridad. Borges llegó a afirmar: «soy el otro». Y el significado del término *ubuntu* de la filosofía sudafricana resume bien esta idea: yo soy porque tú eres, una persona es una persona a causa de los demás. ¿Quiénes son tus espejos, Alicia?

Mano y cerebro

Otra razón para escribirte es porque estoy en deuda contigo, porque no te he dicho con la suficiente elocuencia lo mucho que me gustó tu diario sociológico, ese diario, inspirado en el «apéndice sobre artesanía intelectual» al final de *La imaginación sociológica* de Charles Wright Mills (1996), que tenéis que elaborar para comentar de manera argumentada lo que habéis aprendido en cada sesión de clase. El diario o archivo sociológico es un recurso didáctico que utilizo desde hace años como procedimiento para sistematizar la argumentación y la reflexión. Siempre recuerdo al estudiantado que la mano es el vehículo del pensamiento, es decir, que pensamos mejor escribiendo, tomando notas, registrando piezas de vida. Recientemente se ha constatado que el hecho de escribir a mano favorece y estimula los procesos cognitivos. (Benjamin Farrington (1974) ya había dedicado una obra preciosa a este asunto en *Mano y cerebro en la Grecia antigua*). Por eso, no me gusta que los estudiantes estén escuchando pasivamente. En tu caso, recuerdo como no parabas de tomar notas y capturabas ideas, pues el acto de pensar consiste básicamente en establecer relaciones, en realizar asociaciones entre cosas aparentemente –pero solo aparentemente– inconexas. El pensamiento es acción, una actividad que consiste en cruzar fronteras constantemente. Es este cruce el que proporciona profundidad de campo, el que logra una complejidad que se va enriqueciendo y que nos enriquece. Eso es precisamente lo que significa la palabra complejo, que procede del latín *complexum* y nos remite a enlazar, abrazar, abarcar partes en una totalidad.

Tú elegiste desde el principio la metáfora preciosa y universal del viaje. Decidiste hacer un «Diario de a bordo», con un estilo literario y ensayístico que rompe el canon académico. En el prólogo decías:

«Este diario sociológico se ha convertido en mi barco y... me ha ayudado a navegar por diversas corrientes de pensamiento, pero también a conocer las mareas de la vida cotidiana, a desentrañar los hilos invisibles que conectan el pasado, el presente y el futuro de la sociedad. A través de sus páginas he enriquecido mi propio relato, examinando mi propia realidad y conectándola con estructuras sociales más grandes, tomando conciencia de ellas y de su impacto en mi existencia.»

Sí, es cierto, la educación es un viaje. Y la educación sociológica es un viaje peculiar, en el que entrenamos la mirada sociológica para aprender a descifrar, desvelar o descubrir la lógica social, o lo que es lo mismo, para aprender qué hay detrás de las reglas del juego social. Asumiendo que hay mucho de reglas, mucho de juego, y que nos jugamos mucho en ello. De alguna manera nos convertimos también, como Spinoza en su momento, en pulidores de lentes, de las gafas que utilizamos cotidianamente, para ver un poco mejor y con más alcance, para ampliar la variedad de perspectivas que se presentan en nuestro horizonte. Al fin y al cabo, como decía Michael Apple, la claridad empieza por uno mismo. Es esta búsqueda de la claridad la que hace años me inspiró el libro *Márgenes de la educación. La lucha por la claridad* (Beltrán, 2004), y la que te inspiró en tu Diario de a bordo.

Esa cosa llamada sociología

Una de las preguntas que nos hacemos quienes nos dedicamos a esa cosa llamada sociología y quienes nos autodenominamos sociólogos (Martín Santos, 1988) es la siguiente: sociología ¿para qué? ¿qué sentido tiene? ¿qué función cumple? (Beltrán, 2014). Y otra pregunta, complementaria a las anteriores, es esta: ¿Qué aporta la sociología a la educación? Pensemos por un momento que muchas especies vivas tienen la capacidad de aprender, pero los seres humanos somos casi la única especie que tiene la capacidad de educar, es decir, de orientar sus acciones a la transformación de nuestro mundo.

Así que, con estos mimbres, estas páginas también pretenden responder, con tu ayuda, Alicia, a la pregunta de qué es aquello que he aprendido de la sociología, y más concretamente, qué he aprendido de la enseñanza de la sociología, de mi viaje sociológico. Intentaré ordenar y presentar algunas de las convicciones sociológicas que han ido ampliando mi experiencia teórica y mi práctica docente. Intentaré sintetizar mi credo sociológico.

El término «credo» evoca y parafrasea deliberadamente el texto que John Dewey escribió en 1897 con el título *My pedagogic creed*. En esta ocasión, más de ciento veinte años después de su publicación, sirve también como metáfora expresiva de una suma de puntos de vista, convicciones y compromisos que han nutrido mi trayectoria académica en el ámbito de las ciencias sociales y de la sociología de la educación.

Me dirijo a ti, Alicia, porque representas muy bien a innumerables estudiantes, a quienes he impartido clase y de quienes he aprendido continuamente durante cuatro décadas. No es casual, además, que tu nombre sea el de una mujer, pues en las carreras docentes sigue presente una sobrerrepresentación femenina. Y me dirijo en esta carta abierta porque quiero romper deliberadamente el principio de la distancia crítica. En esta ocasión, me puedo permitir la licencia de mostrar cercanía crítica, de escribir pensando no *sobre* ti, sino conversando *contigo*, prestando atención a tus palabras, a tus inquietudes. Pues el mérito de una buena conversación, y de una clase magistral, no reside tanto en quien habla sino, sobre todo, en quien escucha, y el de una carta-a-modo-de-diario-dialógico como ésta no es tanto de quien la escribe sino de la persona a la que va destinada.

La educación es educarse

Si la educación es una forma de vida social, el requisito de toda vida social es que sea una vida compartida, una vida que nos relaciona a unos con otros, y que hace de esa relación la mejor ocasión de educar y de educarnos, de aprender unos de otros y unos con otros. Como decía Hans Georg Gadamer, dando título a una de sus últimas conferencias, «la educación es educarse» (Gadamer, 2000). Refiriéndose a los docentes, Karl Marx había afirmado, en la tercera tesis sobre Feuerbach, que «el educador necesita ser educado.»

Por eso, esta carta también quiere ser una conversación contigo, Alicia. Al dialogar contigo, enseño y aprendo a la vez; al contarnos nuestro viaje, nos escuchamos y nos explicamos, objetivamos lo que es subjetivo, exteriorizamos lo que habita en nuestro interior e interiorizamos lo que habita en nuestro exterior: (nos) explicamos y (nos) comprendemos. Intercambiamos vida y conocimiento, y ese intercambio supone también un cambio, una mudanza, un desplazamiento que es una transformación: emprendemos un viaje de formación.

Esta conversación que estamos teniendo, aquí y ahora, se remonta a la antigüedad, pero al mismo tiempo es muy nueva. En efecto, el conocimiento de la realidad que ahora tenemos es el resultado de una larga y extensa conversación –en un sentido literal y metafórico– que se inició hace miles de años y que prosigue en la actualidad. La conversación se basa en el diálogo, en la variedad de perspectivas y en contrastar puntos de vista. La participación en la conversación es el principio fundacional de la democracia desde el ágora ateniense hasta nuestros días. Conversar es pedir y darnos la palabra: antes, la fórmula «te doy mi palabra» tenía rango de ley. Compartir palabras con los demás –que llegan a convertirse en «los otros significativos»– es ampliar la oportunidad de acceder al «infinito en un junco», según la metáfora preciosa de Irene Vallejo (2019). Infinito en acto e infinito en potencia, pero esto ya es harina de otro costal, que daría para otra carta todavía más extensa que la que ahora nos ocupa. Se trata de tener la posibilidad de leer la realidad para reescribirla, aspirando a la mejor versión de nosotros mismos.

Si lo pensamos bien, Alicia, conversamos cuando revisamos y mejoramos una teoría o una perspectiva previa, cuando leemos a autores clásicos y contemporáneos, cuando investigamos un fenómeno determinado. La educación es un proceso continuo que procura las condiciones para que los sujetos podamos participar en la conversación acerca de los asuntos que nos conciernen. Y la sociología –que es el asunto que nos hoy nos convoca– ofrece herramientas metodológicas y epistemológicas para explicar y comprender la realidad social desde una mirada propia que interviene en aquello que mira. A través de la sociología podemos llevar a cabo un autoanálisis de nuestra sociedad (reflexividad) contando con la voz de los sujetos o actores sociales, con el espacio de los puntos de vista (Bourdieu, 1999: 9-10). En este sentido, este diálogo, que estamos elaborando desde un enfoque de aprendizaje narrativo y de biograficidad, no es más que una pequeña aportación y a la vez una invitación a esa larga conversación que se inició con las primeras perplejidades, con las mismas viejas preguntas que nos acompañan desde que somos humanos y que renovamos constantemente.

Quienes hemos recibido una educación escolar y nos hemos dedicado después a la práctica docente, como es nuestro caso, Alicia, podemos reconocer, porque lo hemos vivido, que la educación no se reduce a una mera transmisión de conocimiento, verbal, logocéntrica o paidocéntrica, sino que más bien consiste en la creación o en la disposición de *ocasiones de aprendizaje*. Esta consideración, que resulta más sencilla si pensamos por ejemplo en educación infantil (estadio que conoces mejor que yo y en el que se practica más el aprendizaje a través del juego y en el que la plasticidad es mucho mayor que en la edad adulta), parece ir declinando a medida que avanzamos en los diferentes niveles del sistema educativo, en los que se acaba interiorizando que la institución educativa ostenta el monopolio del saber. Si bien este supuesto se está haciendo añicos ante las transformaciones profundas que afectan a la relación con el saber a partir del paso de la galaxia Gutenberg a la galaxia Internet. Desde la sociología de la educación, crear ocasiones de aprendizaje significa que los sujetos, para educar y educarnos, para crecer y progresar individual y colectivamente, nos convertimos en una suerte de exploradores de la realidad social, aventurándonos en el terreno que va de lo conocido a lo desconocido. No hay lugar que no valga la pena explorar.

No hay lugar que no valga la pena explorar

Por el término progresar no quiero dar a entender la idea de un avance lineal y ascendente, sino más bien el proceso orgánico, vital y material, por el que crecemos ampliando los significados de la experiencia presente. *La educación consiste, precisamente, en enriquecer sucesivamente nuestras experiencias, ampliando y relacionando sus significados.* Por eso, en la escuela no se trata de estar de brazos cruzados, sino más bien de establecer conexiones cruzadas. Puesto que aprendemos de las experiencias, nos convertimos en objeto y sujeto de la experiencia, somos el experimento (*experimentum crucis*) que ensayamos y sometemos a prueba. El terreno de la experiencia no se limita meramente a los hechos, sino que se nutre también de los valores: ambos son indisociables. Lo vivido es valorado y es valorable: es por tanto evaluable, es decir, susceptible de ser sometido a juicios de valor. No hay experiencias neutrales. No todo vale lo mismo, pero toda experiencia tiene algún valor. Somos cómplices de lo que nos deja indiferentes. De manera que esa pregunta planteada desde instancias externas, principalmente, desde el campo hoy hegemónico de la llamada «economía del conocimiento», que no pretende sino legitimar un conocimiento al servicio de la economía: para qué sirve la educación, (vale decir, según la interpretación común: qué utilidad tiene la educación) es una pregunta errónea. Y las preguntas erróneas solo pueden ofrecer respuestas equivocadas. Aquí, Alicia, podemos recordar el oxímoron del que nos advierte Nuccio Ordine y que da título a su libro *La utilidad de lo inútil.* (Ordine, 2014). El otro día nos detuvimos en la lectura de su Introducción, y en el primer párrafo, que es todo un manifiesto, pudimos leer: «He querido poner en el centro de mis reflexiones la idea de utilidad de aquellos saberes cuyo valor esencial es del todo ajeno a cualquier finalidad utilitarista.» Continúa apuntando: «Existen saberes que son fines por sí mismos y que –precisamente por su naturaleza gratuita y desinteresada, alejada de todo vínculo práctico y comercial– pueden ejercer un papel fundamental en el cultivo del espíritu y en el desarrollo civil y cultural de la humanidad. En este contexto, considero útil todo aquello que nos ayuda a hacernos mejores.» (Ordine, 2014: 9). ¿Y en qué otra cosa consiste –o debería consistir– la educación, sino en la tarea de ayudar a hacernos mejores?

Por eso, la pregunta «para qué sirve la educación» debería formularse de otra manera, desplazando el marco de significado. La pregunta entonces sería: qué sentido tiene la educación. El primer planteamiento (para qué) reduce la educación a un mero ejercicio de rendición de cuentas (*accountability*), a una industria contable de resultados estadísticos; el segundo planteamiento ensancha la actividad educativa a un proceso abierto de rendición de sentido (*sense-ability*). Al mismo tiempo, este desplazamiento nos invita a salir del imaginario dominante y a prestar oídos, no a los resultados convertidos en algoritmos, sino a los procesos y a las experiencias contadas, narradas por los propios sujetos, atendiendo a sus biografías, a sus condiciones sociales, a su herencia y a sus expectativas.

«Pero la lógica del beneficio –dice Ordine– mina por la base las instituciones (escuelas, universidades, centros de investigación, laboratorios, museos, bibliotecas, archivos) y las disciplinas (humanísticas y científicas) cuyo valor debería coincidir con el saber en sí, independientemente de la capacidad de producir ganancias inmediatas o beneficios prácticos.» (Ibid, 9).

La medida de la educación no puede estar subordinada a una suma de algoritmos que, sin duda, puede ofrecer una información valiosa como herramienta auxiliar. Ser capaz de medir cantidades puede ayudar a emitir juicios, pero no debe confundirse –como sucede con frecuencia– con un modo de juicio. No podemos sustituir el significante por el significado, no podemos sustituir el fin por el medio (el modo, la medida). La educación no es aritmomórfica, no se deja medir de forma artimética. Si lo que pretendemos es conocer el valor de un conjunto de experiencias, es decir, averiguar qué es lo que vale la pena de la educación, no podemos preguntar «cómo se mide una experiencia» o «cuánto vale una experiencia», más bien tendremos que preguntarnos por el sentido de esa experiencia: por el significado vital –experimentado, relatado, contado, más que contabilizado– de esa experiencia. No sé «cuánto» vale tu diario, o tu reseña, o vuestro trabajo grupal, Alicia, pero sí sé el sentido que tiene cada una de estas creaciones, sí puedo apreciar «cuál» es el valor de cada una de ellas.

Nombrar la realidad, apalabrar el mundo

Hablando de sentido, es importante saber poner el auténtico nombre a las cosas, porque de lo contrario constantemente se hace trampas con las palabras, se falsea la realidad interesadamente con una instrumentalización espuria de las expresiones, que acaban devaluándolas y desgastándolas como una moneda que ha sufrido un tráfico frecuente. Esto me trae a la memoria el informe coordinado por Jacques Delors para la UNESCO titulado *La educación encierra un te*soro (Delors, 1996). La etimología de «tesoro» tiene relación con el término latino *thesarus* que significa, entre otras cosas, un listado de palabras, de nombres. Y esta palabra viene a su vez de otra griega anterior, que alude a depósito, riqueza. El tesoro es la riqueza de las palabras que nos permiten expresar el mundo, pronunciarlo y denunciarlo. Hacemos cosas con palabras, y aprendemos, crecemos en el saber, compartiendo palabras. Este es el verdadero tesoro: el mundo social que ya habitamos y que queremos hacer más habitable. Quienes nos dedicamos a la docencia, Alicia, tenemos cierta responsabilidad en el uso apropiado del lenguaje, tenemos que hablar con propiedad, apropiadamente, eligiendo de manera adecuada y educada las palabras que utilizamos.

Necesitamos *apalabrar el mundo* –esto es, dar la palabra, otorgar su significado más noble– para volver a valorarlo: reevaluarlo y no tasarlo (recordemos a nuestro sabio

Machado: «cualquier necio confunde valor con precio»). Si nosotros somos (parte de) el mundo, el significado que le otorguemos será el valor que pensamos que nos merecemos. El primer paso para poner nombre a las cosas, en una clase, es poner nombre a los sujetos que vamos a compartir la experiencia de enseñar y aprender. Recordarás mi empeño en dirigirme a cada una de vosotras con vuestro nombre –en las clases de Magisterio les digo a las estudiantes que pongan un cartel en la mesa con su nombre– porque de lo contrario nos convertimos en sujetos anónimos (literalmente, sin nombre) y eso supone una pérdida lamentable e injustificable de respeto. Podemos asociar respeto a *respecto*, respectivamente, esto es, a aquello que establece una relación de unos con otros: si no hay nombre, si no hay respeto, se produce un cortocircuito en la relación, se produce una *falta de educación*, es decir, un deterioro en nuestra vida, porque la educación, al fin y al cabo, es una forma de vida social.

Y esto nos lleva a una nueva pregunta, que tú planteaste casi desde el primer día. Si la educación es una forma de vida, ¿por qué se nos ha inculcado la idea de que la educación es una preparación para la vida? El lema habitual de «educar para la vida», parte de una falsa dicotomía, de una división artificiosa, que separa educación y vida. Como si la vida fuera un estadio diferido y futuro para el que nos prepara previamente un estadio previo de no-vida. Educación y vida son procesos indisociables. Os miraba cuando estabais en clase, personas que ya no erais adolescentes, sino sujetos emancipados o en vías de emancipación, con vidas trenzadas en múltiples tramas, en proyectos laborales o sociales. No veníais a clase a prepararos para la vida (ni siquiera para la vida laboral), veníais porque el Máster se ha convertido en un requisito necesario, aunque quizá no suficiente, para poder ejercer la docencia. Y, sin embargo, aceptábamos las reglas del juego: resocializarnos de nuevo en el espacio del aula, un espacio que intentábamos convertir en un ágora: un lugar de reflexión libre y discusión compartida.

Vivir es aprender

Los dos sabemos, Alicia, porque lo hemos comprobado empíricamente, que la educación es, desde sus inicios, un proceso vital, se materializa como una forma de vida social, o lo que es lo mismo, es la expresión de una práctica o una actividad social. Vivir es aprender. Y aprender es aprender a pensar. No aprendemos a aprender, aprendemos del aprendizaje (Hernàndez Dobon, 2023: 236-238, también en el capítulo de este mismo libro, y Capella, 1998). El sentido de las acciones humanas es moral y social a un tiempo. Y ello tiene consecuencias inmediatas para la educación, ya que decir moral es decir educación, concebida como una continua reconstrucción de la experiencia, y en la que convergen el proceso y la meta, los medios y los fines. Ya no sirve el mantra de separar teoría y práctica, esa coartada para legitimar el divorcio entre reflexión y acción, entre pensamiento y actividad. La educación es un fin en sí misma y al mismo tiempo puede llegar a ser un medio efectivo de reconstrucción social, encaminada no solo a la formación de los sujetos, sino a una forma de vida social más justa. La educación debe estar orientada e inspirada por fines a la vista (*ends in view*, en términos de John Dewey). La educación nos enseña a asumir nuestra responsabilidad (*response-ability*), nuestra capacidad de dar respuesta a las cuestiones que ahora mismo son relevantes, que se convierten en prioridades.

Me preguntabas cómo puede contribuir la sociología, desde nuestro ejercicio docente, Alicia, a la reconstrucción de la sociedad. Una *sociología en acción* (Lahire, 2016) sostiene que la educación puede contribuir, en primer lugar, a deconstruir o desevidenciar los problemas sociales, cuestionando aquellos supuestos del sentido común que en ocasiones no son más que productos de la naturalización de fenómenos y constructos sociales. En la clase aportaste algunos sencillos ejemplos que mostraban cómo opera esa naturalización. Así, plantear la pobreza como un asunto estructural, como un estado de las cosas, dificulta su comprensión desde un punto de vista procesual o relacional, pues en realidad no existe tanto la pobreza sino el empobrecimiento, que a su vez es un término dual que sólo se entiende con relación al enriquecimiento. Si atendemos a otro expediente común, qué duda cabe de la importancia del principio de la igualdad de oportunidades en educación, siempre que ello no nos desvíe del objetivo de procurar la igualdad de posiciones. Sin duda, una de las tareas prioritarias de la sociología –al menos de una sociología que se pretende crítica– es la explicación y comprensión de las desigualdades sociales para disminuirla o cuanto menos para amortiguar sus efectos más perversos. Como señala Amparo Zacarés en estas páginas, «a mayor desigualdad, mayor violencia»; una violencia que castiga de manera específica a las mujeres. Desde esta sociología en acción –que supone la combinación de acción reflexiva y de reflexión activa– la educación es una toma de conciencia que puede contribuir de manera relevante a la reconstrucción de una sociedad crecientemente democrática.

En el terreno social no hay nada inevitable

Los dos hemos aprendido, Alicia, que la educación, como decía Freire, tiene una naturaleza política. Educación y democracia son dimensiones indisociables. No puede haber sociedades democráticas sin una educación democrática, como no puede haber educación democrática en ausencia de sociedades democráticas. Una sociología en acción (es decir, una sociología comprometida con el cambio social a mejor) parte de la profunda convicción de que en el terreno social no hay nada inevitable. Más bien, esta sociología trata de horadar los muros de la necesidad, de impugnar el fatalismo programado. Castoriadis sostenía que todo está hecho y todo está por hacer (Castoriadis, 2018). La educación tiene la exigencia constante y revolucionaria (en el sentido de transformación radical) de repolitizarse para poder inspirar una democracia creativa. La materialización de la democracia creativa en educación es un proyecto de matriz histórica –arraigado en un esfuerzo común y continuo para su desarrollo– y de matriz política –entrelazado con los mimbres de una vida pública basada en una idea compartida, participada, de bien común. Por ello, la democracia creativa en educación pasa por la responsabilidad de emprender una profunda y renovada reconstrucción de las instituciones educativas. Una reconstrucción alimentada por la inteligencia y por el deseo colectivos, pero también y, sobre todo, por la necesidad de asumir una profunda reforma de nuestro entendimiento, de nuestra comprensión de la realidad a cuya transformación y mejora queremos contribuir (y esto ya lo decía Spinoza hace más de cuatrocientos años). La conciencia y la experiencia de una vida pública, en comunidad y para la comunidad, constituyen las fuentes de sentido de esa democracia creativa de la que queremos formar parte, Alicia, y a la que queremos contribuir. El horizonte de esa democracia nos mueve a la acción creativa, con medios que se vuelven fines y fines que se vuelven medios, exigiéndonos un compromiso radical en sus objetivos y en sus consecuencias.

Reescribir la sociedad

Algo en lo que insistía en las clases, Alicia, es que la sociología no se conforma con *describir* la realidad social, sino que también quiere *reescribirla*. Se trata, insisto, de reescribir y recrear el relato de nuestra existencia compartida en un mundo frágil e impredecible, en el que las aventuras de la contingencia puedan ser estímulos para la inteligencia, y en el que lo pensable puede dar lugar a lo posible. La sociología no se conforma con *explicar* la sociedad, sino que quiere *implicar*se en ella. Una educación sociológica puede ayudar a escribir otro relato –una tarea históricamente por hacer– en el que pueda reclamarse el valor de la interdependencia y de la vinculación social, y en el que pueda reivindicarse la necesidad de pensar de un modo relacional la realidad social. Pensar la sociedad de modo relacional otorga la posibilidad de adentrarnos en lo universal desde lo particular. El término universidad (*universitas*) nos remite a aquello que todo lo abarca, el universo, lo universal. Lograr un saber universal, una cultura común manifestada en una pluralidad de expresiones, es la aspiración de la educación: una educación para todos. Precisamente la UNESCO ha replanteado la educación como un bien común. El «biencomunismo» de la educación es un ideal practicable (John Dewey, 1995) o, en palabras de Freire, un «inédito viable» (Freire, 2005).

Al fin y al cabo, Alicia, estamos comprometidos con la suerte del mundo. El saber y la savia de las ciencias sociales, y de la sociología como parte de estas, se nutre de las historias que nos contamos unos a otros para participar en la construcción de relatos que den sentido a nuestras acciones. La experiencia nos revela que aprendemos narrativamente (Goodson, 2015), que la vida se enriquece mucho más cuando va acompañada de su relato (Alheit, 2015), que este relato solo es posible a partir de biografías que se recrean en esferas de reconocimiento (Honneth, 1983). Estas biografías proporcionan representaciones sociales (imaginarios) y son al mismo tiempo ocasiones que permiten objetivar las condiciones de vida de los sujetos. Y esta objetivación es la condición para empezar a impugnar la irresponsabilidad organizada (Beck, 1998), y la condena a destinos no buscados ni merecidos.

La educación es una invitación bien fundada para el ejercicio de la ciudadanía: esa acción reflexiva que nos permite pensar fuerte, y en consecuencia adquirir compromisos fuertes, sobre la fragilidad de los sujetos sociales, las marginalidades del saber, las periferias del sistema educativo; y de paso nos ofrece la posibilidad de ejercer la reflexión en medio de la protesta y como forma de protesta, la conversación como una forma de conocimiento, y el aprendizaje como una forma de vida orientada hacia la emancipación social.

Somos las preguntas que nos hacemos

Estoy compartiendo algunas inquietudes contigo, Alicia, y contigo, lector o lectora. Esta conversación que mantenemos, en forma de carta abierta, estimula y se hace eco de la cultura de la pregunta.

Somos las preguntas que nos hacemos. En realidad, nosotros no hacemos preguntas; son las preguntas las que nos las que nos interpelan, las que nos hacen ser como somos. Y una primera pregunta es: ¿Por qué hemos de cambiar ese lugar llamado escuela al que estamos acostumbrados?

Miremos con los ojos abiertos. Nuestro mundo se está convirtiendo, en sentido metafórico, pero también literal, en una unidad de cuidados intensivos (en una UCI). Está sufriendo un cambio estructural, que ha venido para quedarse. No es este un mensaje apocalíptico, pero sí de clara advertencia: es un SOS, que recordemos que significa: *save our ship*, salvemos nuestro barco, que es nuestro planeta. Estamos asistiendo a un cambio de paradigma, a una revolución en nuestras condiciones de vida, que pone en crisis los fundamentos de la modernidad en su dimensión instrumental, y nosotros hemos de asumir el cambio que se nos exige para dar respuesta a esta transformación profunda. Necesitamos parar y pensar. Parar y pensar.

Parar y pensar

El uso de una metáfora es deliberado, pues metáfora en griego significa traslado, es decir, aquello que nos lleva de un lugar a otro, que nos cambia el marco de sentido. Y utilizo la metáfora de la enfermedad porque de la misma manera que los médicos tienen un juramento hipocrático, los educadores necesitamos un juramento democrático, que nos comprometa con la salud democrática de nuestros ciudadanos globales. Si nuestro mundo es (como) una UCI, los centros educativos son (como) sucursales o delegaciones de esa UCI. Necesitamos atender de manera prioritaria a los sujetos más vulnerables, a los migrantes, a los oprimidos, a las víctimas de los discursos del odio, del desprecio de nuestras sociedades. En definitiva, necesitamos ser hospitalarios. Fijémonos en la palabra, que viene de hospital. Los centros educativos son como los ambulatorios, centros de atención primaria, el primer escudo antes de enviar a los sujetos a urgencias. La diferencia es que nosotros no atendemos a pacientes, sino a impacientes en el mejor sentido de la palabra, es decir, a sujetos con una «ardiente paciencia", con anhelo de aprender, como el cartero de Neruda, en la espléndida novela de Antonio Skármeta, ese analfabeto que deseaba aprender del poeta. En ese sentido, los educadores también ejercemos como carteros, como mensajeros que transportan correos necesarios, palabras que dan libertad, mensajes que sirven para recuperar y recrear la dignidad de la especie, que hoy sufre tantas amenazas. Cuando tomamos conciencia de la importancia de nuestra tarea, nuestras preguntas se convierten en preguntas que importan, que no podemos desatender. Y aquí viene lo del lema de mayo del 68, «ahora que teníamos las respuestas nos cambian las preguntas». Y una de las preguntas que importa es la siguiente: no tanto quién soy, quién soy como educador, esto es, cuál es mi identidad profesional, sino más bien dónde estoy, qué espacio ocupo.

No somos islas

Responder a esas preguntas requiere una reflexión honesta, requiere una reforma de nuestra comprensión de la realidad, de nuestro conocimiento de las cosas, requiere una mudanza. Porque ya no estamos en el lugar que estábamos, la escuela ya no es lo que era, nuestro mundo tampoco, y nosotros tampoco. Hemos mudado (aunque a veces nos cueste reconocerlo). Ahora cada vez más reconocemos «el aula sin muros» que habían anticipado Carpenter y McLuhan (1974). Todo lo sólido se disuelve en el aire, afirmaron Marx y Engels ([1848] 2012) al comienzo de *El Manifiesto comunista*. Así que, de nuevo: quiénes somos ha de ir acompañado de dónde estamos. ¿Somos, como docentes, quienes tenemos el monopolio del saber? Parece que ya no es así, un niño o una niña con un móvil en la mano tiene más poder y también más fragilidad que cualquier de nosotros.

(Michel Serres tiene un ensayito precioso titulado *Pulgarcita* para dar cuenta de estas mutaciones (Serres, 2014)). Y entonces, Alicia, si ya no estamos en una escuela (como las de antes, al menos), ¿dónde estamos? ¿cuál es nuestro lugar? ¿Cuál es nuestra identidad profesional? Identidad significa la imagen que uno tiene de sí mismo. ¿Nos blindamos en nuestras clases y nos resistimos a la muda, a la mudanza, al traslado? Y si es así, ¿hasta cuándo? ¿O más bien tomamos conciencia de que estamos en transición y nos abrimos a co-crear los escenarios que se nos presentan, nos abrimos a la aventura de construir conocimiento, acompañado de aquellos a quienes debo educar-cuidar-atender-acompañar? ¿Elegimos quedarnos quietos, sedentarios, con nuestra identidad-sustancia-fija o elegimos la inquietud (intelectual, emocional), un cierto nomadismo, con nuestra nueva identidad-proceso? ¿Elegimos ser islas o nos convertimos en parte de un archipiélago? Vale la pena leer otro libro de Nuccio Ordine (2022), *Los hombres no son islas* (el título está basado en el poema de John Donne, *No man is an island*), cuyo subtítulo es: «Los clásicos nos ayudan a vivir». Nunca los clásicos fueron más innovadores. Lo que se nos está pidiendo es ser innovadores. La palabra innovación es muy estimulante y es heredera de una tradición preciosa en nuestro país, la de los movimientos de renovación pedagógica. Innovar significa generar novedades (no cualquier novedad, sino novedades que enriquezcan los significados de la experiencia). (Cfr. *Marco de Innovación educativa*, de Beltrán, Martínez y Gabaldón-Estevan, 2021). Por eso, una primera respuesta a las preguntas dónde estamos y en qué consiste nuestro oficio es la siguiente: estamos en un espacio que genera ocasiones, situaciones o lugares de aprendizaje, que genera novedades. Estamos en un lugar de encuentros, y ese lugar de encuentros hace que dejemos de ser islas y nos convirtamos en archipiélagos. Ese lugar de encuentros es un lugar de reconocimientos, de resonancias. Este es el privilegio de la educación: procurar encuentros, como el que tenemos cada día que venimos a clase. El ágora ateniense ya ofrecía una educación viva y participada. Ese lugar de encuentros puede ser una escuela, un museo, una ciudad, una plaza pública, una casa del saber: es un lugar por imaginar, por inventar, es un lugar de reconstrucción de conocimiento al servicio de una sociedad crecientemente democrática. Ese lugar difícilmente puede ser rutinario (aunque las rutinas no son hábitos, que son muy necesarios para centrar la atención), más bien ha de ser disruptivo, en el sentido de creativo, participativo. Ese lugar es un semillero de inéditos viables, de utopías, de ideales practicables. Seguro que todo esto ya te resulta familiar, Alicia porque participamos en una discusión muy estimulante en clase sobre los usos y abusos de la palabra utopía, injustamente devaluada a la categoría de las misiones imposibles y poco realistas.

Atrevámonos a profigurar

Y todo esto nos conduce a un ejercicio de «profiguración». La profiguración – ese neologismo genial de Fidel Molina Luque que pronto encontraremos en la RAE– «se refiere al acuerdo y el reconocimiento necesario entre generaciones en la sociedad actual. Este novedoso concepto trata de poner en valor la importancia de la interdependencia entre personas de todas las edades, con el fin de que tanto jóvenes como adultos y mayores podamos alcanzar una vida plena en todas sus etapas.» La idea apunta «la necesidad de un cambio de mentalidad que nos permita un nuevo contrato social basado en el altruismo hacia las generaciones actuales y las que vendrán.» (Molina-Luque, 2021).

Para profigurar hay que colaborar y hay que imaginar. Colaborar es laborar, aprender y trabajar, de manera cooperativa, de forma conjunta. Forma parte de nuestra condición humana. Nuestra naturaleza social es cooperativa. Progresamos compartiendo, antes que compitiendo. Pero nos resulta más difícil señalar aquello que nos une, que aquello que nos separa. En sociología hay una manera característica de ejercer la imaginación. La imaginación sociológica es la capacidad de vislumbrar alternativas sociales y futuros posibles, como ha hecho el informe de la UNESCO (2022) pensando en el porvenir de la educación más allá de 2050. El futuro cobra cada vez más importancia. En clase, ¿recuerdas?, nos referimos al libro de Roman Krznaric (2022) titulado *El buen antepasado. Cómo pensar a largo plazo en un mundo cortoplacista.* Y nos preguntamos cómo podemos ser buenos antepasados. O dicho de otro modo, ¿cuál es el legado que queremos dejar a las generaciones que nos sucederán, que no llegaremos a conocer, pero a las que no queremos hipotecar? En ese sentido la tarea de profigurar debería convertirse en un imperativo categórico con la misma potencia que el lema kantiano *Sapere aude*. Ahora debemos exclamar: ¡Atrevámonos a profigurar! (véase Checa y Beltrán, 2024).

Hannah Arendt afirmó en la década de los sesenta que el sentido de la educación es la natalidad. Dice en su obra *Entre el pasado y el futuro*: «La educación es el punto en el que decidimos si amamos el mundo lo bastante como para asumir una responsabilidad por él y así salvarlo de la ruina que, de no ser por la renovación, de no ser por la llegada de los nuevos y los jóvenes, será inevitable. También mediante la educación decidimos si amamos a nuestros hijos lo bastante como para no arrojarlos de nuestro mundo y librarlos a sus propios recursos, ni quitarles de las manos la oportunidad de emprender algo nuevo, algo que nosotros no imaginamos, lo bastante como para prepararlos con tiempo para la tarea de renovar un mundo común». (Arendt, 1996).

Renovar, resonar, sostener

La tarea de renovar el mundo no es posible si no «vibramos», estamos en sintonía o «resonamos» con el mundo. Hartmut Rosa desarrolla una teoría de la resonancia que define así: «Estamos no alienados cuando entramos en resonancia con el mundo. Cuando las cosas, los lugares, las personas que encontramos nos impresionan, nos emocionan, nos conmueven; cuando nos sentimos capacitados para responderles con toda nuestra existencia.» (Rosa, 2019: 60). «Hablo al mundo y me responde». Esto es lo que hacemos cotidianamente las educadoras y educadores: hablamos al mundo social, a nuestros participantes, nos responden y se transforman: también ellos mudan, cambian de piel. En palabras de Freire (1970) aprenden a «pronunciar el mundo» para hacerlo más llevadero, más sostenible.

Al analizar en clase sobre el término «sostenible», vimos que hace alusión a sostener, es decir, a dar sustento, nutrir, alimentar, dar sentido. Y dar sentido es hacer sendero, dirigirnos hacia buen puerto (la raíz de la palabra oportunidades) para hacer de nuestro mundo un lugar más habitable y hospitalario. Como afirma la ecofeminista Vandana Shiva (2002), sostener es «abrazar la vida». Abrazar también es un acto de rebeldía, tiene el valor de un manifiesto. Sostener es reconocer nuestra pertenencia a un mundo común y resonar en sintonía con este mundo. John Berger (2014) definía el amor como eso que nos sostiene.

De una vez por todas, necesitamos reformar la comprensión de nuestro anfitrión el mundo, para comportarnos como huéspedes amables, educadamente. Cambiar nuestra comprensión del mundo pasa por una mudanza, un cambio de vía, para que nuestro mundo sea considerado materia viva y no materia prima. Nuestra materia, nuestra matriz, nuestra madre, es nuestro mundo. Por eso, una mudanza es también un viaje, un viraje, un cambio de rumbo para llegar a buen puerto, para proseguir la tarea de ser mejores seres humanos, para reconocer aquello que nos une y poder resonar con el mundo. El currículum de todo el sistema educativo- ha de priorizar la elaboración de guías para llevarnos a buen puerto, es decir, para hacer sostenible y habitable nuestro planeta.

Necesitamos una nueva narración, con nuevos vocabularios para apuntar a nuevas realidades: un nuevo principio que nos permita tener nostalgia no del pasado, sino del futuro. Érase una vez… (¿recuerdas, Alicia, que comencé así la clase del Máster, con esta fórmula universal, tan evocadora?). Érase una vez un colectivo docente que se puso a trabajar para evaluar las prioridades. Evaluar significa dar valor a aquello que vale la pena. Y aquello que ahora vale la pena es educar para la ciudadanía (como explican en su capítulo María Jesús Martínez y Sara Ibáñez) una ciudadanía global, una ciudadanía con conciencia de pertenecer a un mundo común, porque como dicen los grafitis de los jóvenes: No hay planeta B, no hay plan B. Una educación para la ciudadanía global requiere que las educadoras y los educadores que nos convirtamos antes en docentes globales, poniendo en diálogo lo local con lo global, y el presente como punto de encuentro entre el pasado del que tenemos que aprender y el futuro que tenemos que diseñar. Ese encuentro es el largo ahora… aquí y ahora. Justo en este preciso instante, si nuestra escucha es activa, si estas palabras tienen algún sentido, nuestra atención es una llamada a la acción.

Priorizar, reunir recursos para el viaje de la esperanza

Te escucho, Alicia, cuando abrías la discusión en clase para que pensáramos en entre todos cuáles son las prioridades ahora. No nos costó mucho coincidir en que la primera de ellas es garantizar nuestra supervivencia, y eso requiere garantizar nuestra convivencia, nuestra convivencialidad, en términos de Ivan Illich (1974), una idea que ha sido actualizada en recientes manifiestos por la «convivialidad», como señala Fernando Marhuenda en el capítulo que firma en este libro. De modo que en el currículum educativo se ha de centrar en pensar y poner en práctica «Una guía para habitar nuestro planeta» que dé respuesta a la pregunta *¿Dónde estoy?*, como planteaba Bruno Latour (2021) dando título a uno de sus últimos libros. Podemos considerar la educación como una toma de conciencia toda vez que como una exigencia de supervivencia.

La siguiente prioridad, es concebir nuestro mundo como un lugar hospitalario, un lugar que requiere de cuidados. Las escuelas son centros de atención primaria, laboratorios donde ensayar la mejor manera de cuidar y de cuidarnos. Y en estos centros los docentes hemos de ser atrevidos para encaminarnos hacia una nueva Ilustración radical (Garcés, 2017; Ruiz, 2016; y Amparo Zacarés en este mismo libro). Los docentes podemos ser experimentadores, *novatores*, creadores de novedades, precipitadores de procesos de cambio. Un proyecto educativo ha de ser un vivero de inéditos viables, de futuros posibles. Sabes mejor que nadie, Alicia, que nuestros proyectos educativos han de lanzar señales a ese futuro que no es más que una extensión del largo ahora que estamos viviendo. Pero para cambiar a los sujetos a los que educamos, nosotros hemos de elegir conscientemente que también necesitamos ser educados. Ser elegantes alude a nuestra apertura y a nuestra capacidad para elegir correctamente[3], en este caso, querer seguir educándonos, seguir aprendiendo de manera permanente. Lo contrario de ser elegantes es no reconocer nuestra necesidad de aprender, es, literalmente, ser maleducados. Por eso, necesitamos de manera permanente una buena educación sociológica desde edades tempranas, que alimente nuestra imaginación para proyectarnos en la tarea de construir otros mundos posibles y mejores. Sin embargo, resulta injustificable que la enseñanza de la sociología –como herramienta de conocimiento e imaginación– esté ausente en las escuelas e institutos. No tiene sentido una educación sin sociedad. Y el Máster en formación del profesorado de secundaria es una buena ocasión para denunciar y revertir su ausencia (García Calavia y Beltrán, 2022).

---

[3] Esto lo aprendí de mi colega y amigo el profesor Antonio Benedito. El formato actual del Máster de Secundaria en la Universitat de València debe mucho a su visión y a su elección.

Algo que también hemos aprendido en el Máster es que las nuevas oportunidades de la educación consisten en reunir recursos para el viaje de la esperanza (Williams, 1984). Ese viaje, esa mudanza, es al mismo tiempo un cambio de vía (Morin, 2020) una búsqueda compartida de alternativas para dejar como herencia a las generaciones venideras un mundo más justo, solidario y sostenible. Hasta aquí esta carta dirigida a ti, Alicia, e inspirada en un diálogo abierto a partir de tus reflexiones. Os damos la bienvenida al viaje de la educación, que se inició en los albores de la humanidad con una conversación que prosigue y se actualiza con el gesto de quien alza la mano para pedir la palabra[4]. Ahora es vuestro turno, os escuchamos con atención…

Coda

Son tantas las lecciones que he ido aprendiendo que es imposible resumirla en unas líneas. Las últimas que he recibido proceden de las autoras y autores con quienes comparto este libro, y también de los estudiantes a quienes he impartido clase en el Máster en los últimos años, y de manera singular en el último curso (2023-2024).[5]

No tan recientemente y, sin embargo, como si fuera ayer, mi hijo me enseñó el valor de las metáforas como herramienta de conocimiento y como modo de mirar las cosas de otra manera (pues la manera de percibir la realidad también es una elección, una cuestión de elegancia). Un día, espontáneamente, cuando tenía cinco años, miró hacia arriba e hizo un descubrimiento, diciendo mientras

---

[4] Pedir la palabra también es pedir la paz (y una educación para la paz, como nos recuerda Amparo Zacarés en las páginas de este libro), ahora que nos asolan guerras injustificadas, siempre cruentas y terribles, insoportables e insostenibles, que nos llevan al abismo y la desolación, justo lo contrario de «eso que nos sostiene».

[5] Antes, he recibido la gratificación de muchas estudiantes que han realizado trabajos y diarios muy meritorios. Hace unos años, Anna Ramon, estudiante de segundo de Magisterio, elaboró un diario que fue publicado con el título de *Aventuras del mundo social* (Ramon, 2019). Este curso 2023-2024, Lucía Vázquez, estudiante de primero de Magisterio, me ha sorprendido con un diario de clase filmado: *Querido diario*. Al finalizar el Grado de Sociología, María Checa realizó un estudio del Programa Nau Gran que fue publicado con el título *Gracias a la (educación a lo largo de) la vida* (Checa Vilar, 2020).

señalaba con el dedo: «la luna es la sonrisa del cielo». Desde entonces, la luna actúa quizá como una neurona espejo y cuando la miro me hace sonreír.

Si acordamos que la educación es un viaje –otra metáfora, otra elección, otra percepción– estamos asumiendo que es una invitación a caminar. Y cuando aceptamos esta invitación ya no podemos dejar de aprender del aprendizaje, hacemos camino al andar. Somos el viaje que emprendemos.

Referencias bibliográficas

Alheit, P. (2015). ¿Identidad o «biograficidad»? En Hernàndez, F. J. y Villar, A. (Eds.) (2015). *Educación y biografías. Perspectivas pedagógicas y sociológicas actuales.* Barcelona, UOC.

Arendt, H. (1996). *Entre el pasado y el futuro. Ocho ejercicios sobre la reflexión política.* Barcelona, Península.

Bauman, Z. (2003). *Comunidad, en busca de seguridad en un mundo hostil.* Madrid, Siglo XXI.

Beck, U. (1998). *Políticas ecológicas en la edad del riesgo. Antídotos, la irresponsabilidad organizada.* Barcelona, El Roure.

Beltrán, J. (2004). *Márgenes de la educación. La lucha por la claridad.* Alzira, Germania.

Beltrán, J. (2014). Para qué sirve la sociología. *Revista Española de Sociología-RES*, 22, 127-134.

Beltrán, J. y Benedito, A. (2021). La hora lograda. Para una sociología de la relación con la Universidad (*Universitas studiorum*). En Chaleta, E., Ferreira, A. y Beltrán, J. (Coords.) (2021). *Formas de enseñar y aprender en Educación Superior*, pp. 39-62. Valencia, Instituto de Creatividad e Innovaciones Educativas de la Universitat de València.

Beltrán, J.; Martínez, I. y Gabaldón-Estevan, D. (2021). *Marco de Innovación* Educativa. *València.* Conselleria de Cultura, Educació i Ciència. https://ceice.gva.es/documents/162783553/173597346/Marc_Innovacio_Educativa_cas.pdf

Berger, J. (2014). *Poesía*. Madrid, Círculo de Bellas Artes.

Bourdieu, P. (1997). *Razones prácticas. Sobre la teoría de la acción*. Barcelona, Anagrama.

Bourdieu, P. (1999). *La miseria del mundo*. Madrid, Akal.

Brint, S. (2009). La «mente colectiva» en el trabajo. Una década de la vida de la sociología en Estados Unidos. *Revista de Sociología de la Educación-RASE*, vol. 2 (2), 39-45.

Capella, J. R. (1998). *El aprendizaje del aprendizaje*. Madrid, Trotta.

Carpenter, E. y McLuhan, M. (1974). *El aula sin muros*. Barcelona, Laia.

Castoriadis, C. (2018). *Hecho y por hacer. Pensar la imaginación*. Madrid, Enclave de libros.

Comisión Internacional sobre los futuros de la educación. (2022). *Reimaginar juntos nuestros futuros: un nuevo contrato social para la educación*. Paris, UNESCO. file:///Users/user/Downloads/381560spa.pdf

Cooley, G. H. (2005). El yo espejo. *CIC. Cuadernos de Información y Comunicación*, n. 10, 13-26. Universidad Complutense de Madrid.

Checa Vilar, M. (2020). *Gracias a la (educación a lo largo de la) vida*. Valencia, Instituto de Creatividad e Innovaciones Educativas de la Universitat de València.

Checa Vilar, M. y Beltrán, J. (2024). Profiguración. *Levante*, https://www.levante-emv.com/opinion/2024/03/04/profiguracion-98966022.html, *Información*, 22.

Delors, J. (1996). *La educación encierra un tesoro*. Madrid, Santillana/Unesco.

Dewey, J. (1995). *Democracia y educación*. Madrid, Morata.

Farrington, B. (1974). *Mano y cerebro en la Grecia antigua*. Madrid, Ayuso.

Freire, P. (1970). *Pedagogía del oprimido*. Madrid, Siglo XXI.

Freire, P. (2005). *Pedagogía de la esperanza*. Madrid, Siglo XXI.

Garcés, M. (2017). *Nueva ilustración radical*. Barcelona, Anagrama.

Gadamer, H-G. (2000). *La educación es educarse*. Barcelona, Paidós.

García Calavia, M. Á. y Beltrán Llavador, J. (Coords.) (2022). *Sociología en las aulas. Informe sobre la situación de la sociología en la enseñanza no universitaria*. Valencia, Instituto de Creativad e Innovaciones Educativas de la Universitat de València.

Garcés, M. (2017). *Nueva ilustración radical*. Barcelona, Anagrama.

García Ruiz, A. (2016). *Impedir que el mundo se deshaga. Por una emancipación ilustrada*. Madrid, Catarata.

Goodson, I. (2015). El ascenso de la narrativa de vida. En Hernàndez, F. J. y Villar, A. (Eds.). *Educación y biografías. Perspectivas pedagógicas y sociológicas actuales.* Barcelona, UOC.

Habermas, J. (1983). La modernidad, un proyecto incompleto, en *La postmodernidad.* Barcelona, Kairós.

Hegel, G. W. F. (2000). *Rasgos fundamentales de Filosofía del Derecho.* Madrid, Biblioteca Nueva.

Hernàndez, F. J. (2023). Aprender a aprender, o por qué es una mala traducción y sus consecuencias para la Sociología de la Educación. *Revista de Sociología de la Educación-RASE,* 16 (2), 236-238.

Hernàndez, F. J. y Villar, A. (Eds.) (2015). *Educación y biografías. Perspectivas pedagógicas y sociológicas actuales.* Barcelona, UOC.

Honneth, A. (1983). *La lucha por el reconocimiento.* Barcelona, Crítica.

Illich, I. (1974). *La convivencialidad.* Barcelona, Barral.

Illich, I. (1975). La sociedad sin escuelas, en Ivan Illich et al. *Educación sin escuelas.* Barcelona, Península.

Kant, I. (2004). *Qué es la Ilustración.* Madrid, Alianza.

Kant, I. (2007). *Crítica del juicio.* Madrid, Tecnos.

Krznaric, R. (2021). *El buen antepasado. Cómo pensar a largo plazo en un mundo cortoplacista.* Madrid, Capitán Swing.

Lahire, B. (2016). *En defensa de la sociología.* Buenos Aires, Siglo XXI.

Latour, B. (2021). *¿Dónde estoy? Una guía para habitar el planeta.* Madrid, Taurus.

Marx, K. Y Engels, F. (2012). *El manifiesto comunista.* Madrid, Nórdica.

Martín Santos, L. (1988). *Diez lecciones de sociología.* Madrid, FCE.

Mead, G. H. (1991). La génesis del self y el control social. *Revista de Estudios Internacionales de Sociología-REIS,* n. 55, 165-186.

Mills, C. W. (1996). *La imaginación sociológica.* Madrid, FCE.

Molina-Luque, F. (2021). *El nuevo contrato social entre generaciones. Elogio de la profiguración.* Madrid, Catarata.

Morin, E. (2001). *Los siete saberes necesarios para la educación del futuro.* Barcelona, Paidós.

Morin, E. y Aboussalam, S. (2020). *Cambiemos de vía. Lecciones de la pandemia.* Barcelona, Paidós.

Ordine, N. (2014). *La utilidad de lo inútil. Manifiesto.* Madrid, Acantilado.

Ordine, N. (2022). *Los hombres no son islas. Los clásicos nos enseñan a vivir.* Madrid, Acantilado.

Ramon, A. (2019). *Las aventuras del mundo social. Un viaje a la Sociología de la Educación*. Valencia, Tirant lo Blanch.

Rizzalotti, G. y Singaglia, C. (2006). *Las neuronas espejo. Los mecanismos de la empatía emocional*. Barcelona, Paidós.

Rosa, H. (2019). *Remedio a la aceleración. Ensayos sobre la resonancia*. Barcelona, NED.

Santayana, J. (1996). «Locura normal", en Jorge Santayana. *Diálogos en el limbo*, pp. 42-56. Madrid, Tecnos.

Serres, M. (2014). *Pulgarcita*. Madrid, Gedisa.

Shiva, V. (2002). *Abrazar la vida. Mujer, ecología y desarrollo*. Madrid, Horas y horas.

Storr, W. (2022). *La ciencia de contar historias. Por qué las historias nos hacen humanos y cómo contarlas mejor*. Madrid, Capitán Swing.

Vallejo, I. (2019). *El infinito en un junco*. Madrid, Siruela.

Williams, R. (1984). *Hacia el año 2000*. Barcelona, Crítica.

Wollstonecraft, M. (2005). *Vindicación de los derechos de la mujer*. Madrid, Istmo.

La educación desde la filosofía, la sociología y la pedagogía: ¡Reescribamos la *Doctrina pueril* de Llull!

CARLES HERNÁNDEZ Y FRANCESC J. HERNÁNDEZ

> Si hay alguna actividad para la que el ser humano está
> optimizado, como el albatros para volar o el guepardo para
> correr, en el caso del ser humano es el aprendizaje
>
> (Spitzer 2007: 10)

1.- Introducción

Nihil novum sub sole. Las sociedades actuales parecen reproducir de forma ampliada y global el antiguo período del helenismo: un tiempo socialmente crítico, políticamente autoritario, estéticamente ecléctico, filosóficamente práctico y científicamente fértil. En este marco, plantearemos la pregunta de la relevancia para la educación de la intersección de las aportaciones filosóficas, sociológicas y pedagógicas. Antes aclararemos qué son estos tres saberes.

La filosofía no es una ciencia, ni lo pretende, sino una disciplina, generalmente académica, que se organiza con reglas milenarias según un contexto argumentativo de fundamentación (Rehfus 1986: 121 y ss.). La filosofía del último siglo ha hecho aportaciones notables, algunas de cariz positivo y otras negativo. Entre las primeras, cabe destacar el estudio de los paradigmas científicos o la lógica del lenguaje natural o la lógica difusa (Sobrino 2012), que han permitido el desarrollo de la informática. Entre las segundas, la crítica a los mitos de la Ilustración y a otros derivados del colonialismo y la explicación de los retos que exigen diversas «alfabetizaciones» (como explica el capítulo de la profesora Amparo Zacarés). Como ocurrió en dicho período helenista, desde hace un siglo han desaparecido los *maîtres penseurs* de la filosofía teórica y las aportaciones más recientes se han orientado a la filosofía práctica. No es nada difícil detectar un resurgimiento de las mismas corrientes que ya se plantearon antiguamente en el helenismo: estoicismo, epicureísmo y escepticismo, más cuando lo que está en juego no es la disolución de la *polis* sino los peligros globales de la sociedad de riesgo.

La sociología es una ciencia que aporta análisis empíricos sobre las desigualdades humanas. Constituye un «espejo» que las refleja y que nos hace «reflexionar» (como acertadamente explica el capítulo del profesor J. Beltrán). En el último siglo ha ampliado la nómina de estas desigualdades y ha perfeccionado sus técnicas de investigación. Sin embargo, en lo que se refiere a sus fundamentos, parece debatirse entre la indiferencia relativista frente a principios normativos que orientan su estudio o las dificultades para establecerlos de manera inmanente.

La pedagogía es un discurso de segundo orden (Bernstein 2001) que se nutre de la disciplina filosófica y de algunas otras ciencias. Ni tiene el rigor de la filosofía al dotarse del contexto argumentativo de fundamentación (está frecuentemente orillando las falacias naturalista e idealista: es decir, a el intento de deducir enunciados prescriptivos de enunciados descriptivos y viceversa), ni la exigencia de la ciencia social para establecer principios normativos, y menos aún, hacerlo con neutralidad axiológica (en el sentido weberiano). Sin embargo, en el último siglo ha sometido a crítica el modelo curricular de raíz taylorista (que comienza con F. Bobbit) y, lo que es más importante todavía, ha metabolizado, al menos parcialmente, el constructivismo psicológico (Arnold y Schön 2023), lo que supone que el aprendizaje ya no se puede considerar un epifenómeno de la enseñanza (Dausien 2011).

La pregunta por la intersección de la disciplina filosófica, la ciencia sociológica y el discurso pedagógico se plantea además cuando la denominada Inteligencia Artificial (IA) ha alterado —y modificará todavía más— las fronteras entre los diversos saberes y aporta procedimientos de traducción del lenguaje natural, técnicas de mímesis (simulación) y tratamiento de datos masivos y ejecución de pronóstico inéditos. No ha logrado articular estas vertientes (por ahora, sería más propio hablar de las inteligencias artificiales), aunque no es de extrañar que lo consiga en un breve plazo.

Con todo este trasfondo y pensando en el interés de futuros docentes, que se dedicarán no solo a la actividad profesional de la enseñanza, sino también a investigar el hecho educativo, hilaremos un argumento que podemos resumir mediante tesis provisionales que estructurarán los diversos epígrafes.

2.- La enseñanza reproduce la desigualdad

Que los rendimientos de la enseñanza reproducen los *inputs* de desigualdad social es una tesis clásica (*RASE* 2016 y 2022) sobre la que se ha acumulado ingente material empírico a favor desde hace siete décadas y ninguno –que sepamos– en contra. Por citar un ejemplo, las pruebas PISA, aunque criticables en sí, vuelven a ratificar esta tesis, como muestran los gráficos 1 y 2.

En el gráfico 1, los países están ordenados por el bajo rendimiento del cuartil superior. Como puede verse el bajo rendimiento del cuartil superior en índice socioeconómico (es decir, los hijos y las hijas de la capa social más rica) siempre es inferior al bajo rendimiento del tercer cuartil, que, al mismo tiempo, es inferior al del segundo, y éste al del cuartil inferior en índice socioeconómico (esto es, de la capa social es pobre). Las barras de color gris representan la diferencia de bajo rendimiento entre el cuartil inferior y el superior. La variable contraria, el alto rendimiento, presenta, como podría suponerse, un comportamiento inverso, como acredita el gráfico 2.

Estos mismos resultados pueden observarse en las otras materias que investiga PISA (matemáticas y ciencias naturales) y en otras tandas de las pruebas. Incluso si estudiáramos la distribución interna de las puntuaciones en cada país según quintiles (OCDE 2019) obtendríamos correlaciones elevadas con los indicadores de desigualdad más frecuentes, como el índice de Gini.

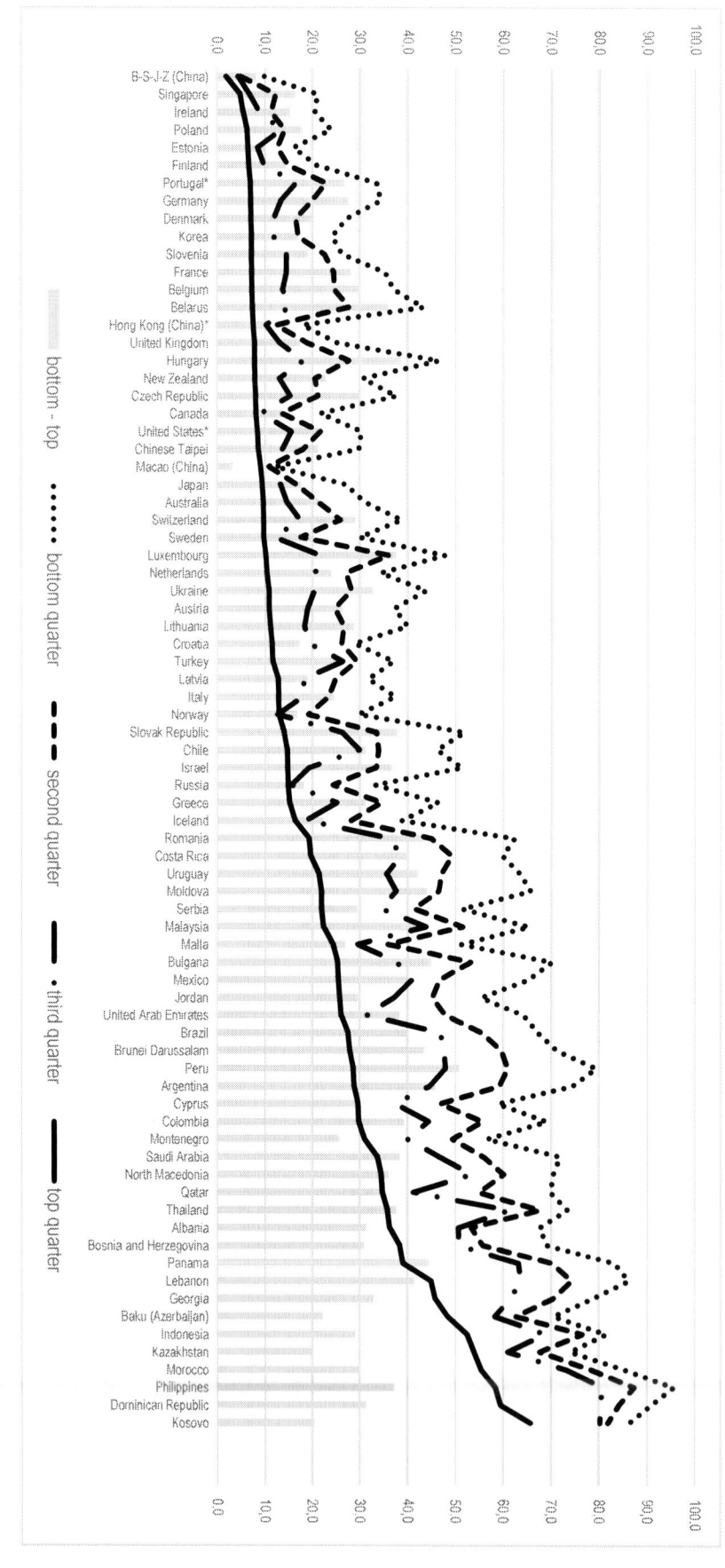

GRÁFICO 1. PORCENTAJE DE BAJO RENDIMIENTO PISA 2018 EN COMPETENCIA LECTORA, SEGÚN ÍNDICE SOCIOECONÓMICO

Fuente: Elaboración propia de los datos de PISA 2018. Se pueden descargar del portal: https://www.oecd.org/pisa/. España fue descartada por problemas de muestreo.

118

GRÁFICO 2. PORCENTAJE DE ALTO RENDIMIENTO PISA 2018 EN COMPETENCIA LECTORA, SEGÚN ÍNDICE SOCIOECONÓMICO

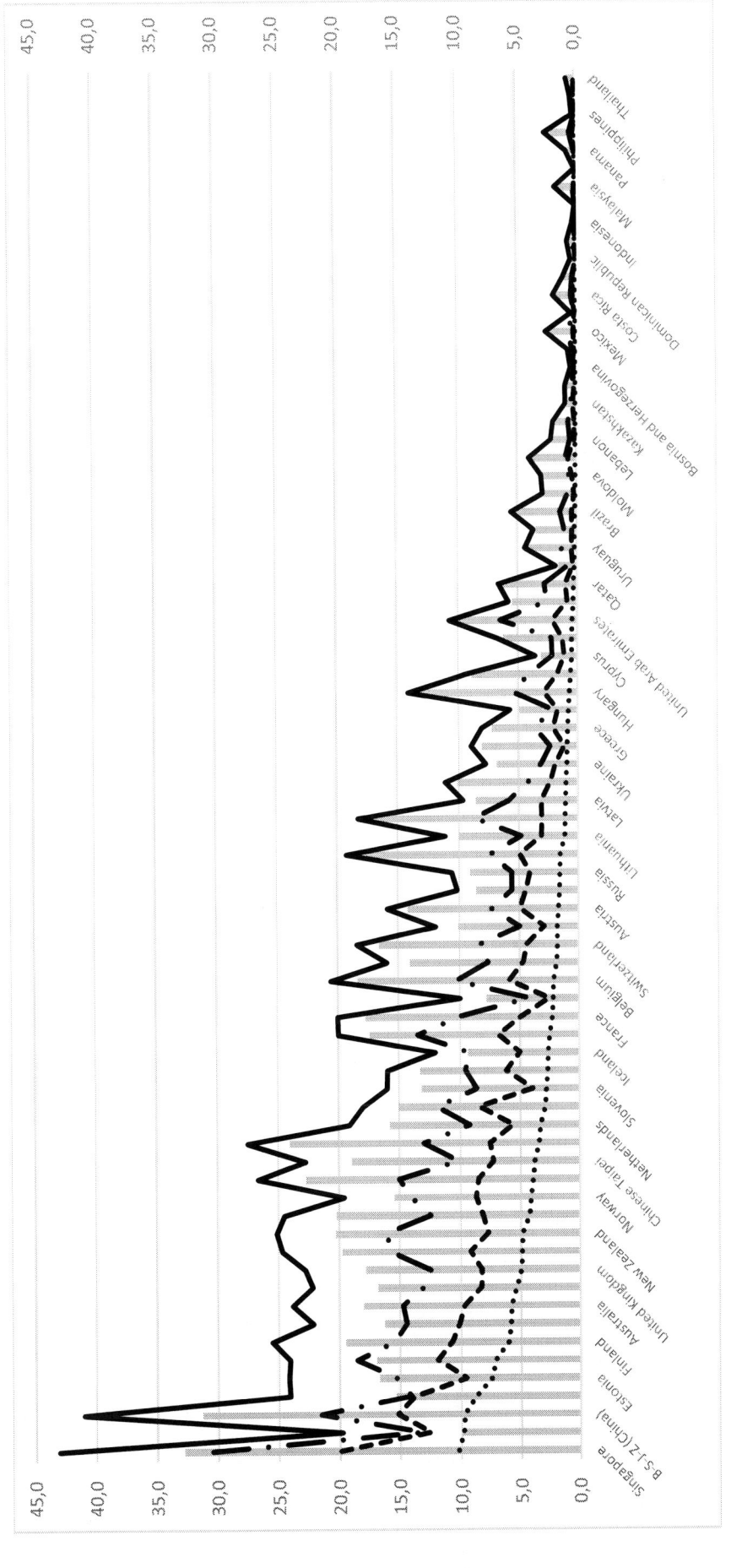

Fuente: Elaboración propia de los datos de PISA 2018.

Esto plantea un problema ético y otro didáctico. El primer problema se podría formular así: si los rendimientos de la enseñanza reproducen, de manera universal, las desigualdades sociales, que además parecen incrementarse en los últimos tiempos, ¿no se vacía la educación de los ideales morales que generaron su obligatoriedad a partir de la filosofía social de Rousseau? El segundo problema, no menor, es: ¿no queda herida de muerte la pretensión didáctica de Comenio de «enseñar todo a todos» (Comenio 1659), cuando ni siquiera es capaz de ofrecer un repertorio de métodos que permitan compensar aquellas desigualdades? Intentaremos dar una respuesta a estos problemas sin buscar la salida fácil de la confianza ciega en las virtudes de la enseñanza. (Las reflexiones del capítulo del profesor Fernano Marhuenda son un buen antídoto contra la confianza ciega y resulta sumamente interesante en este contexto la investigación de las escuelas de segunda oportunidad que él comenta).

3.- El aprendizaje se convierte en objeto de estudio privilegiado

Si se disocia, siguiendo el constructivismo psicológico, el aprendizaje de la enseñanza, aquél, sobre el que sabemos menos de lo que suponemos (Holzkamp 1995), se convierte en el objeto de estudio privilegiado de los próximos años y, por ende, la cuestión de si ese aprendizaje (y no los rendimientos de la enseñanza) correlaciona o no con las desigualdades sociales. Una aproximación a estas cuestiones las proporciona el análisis de los datos que ofrece PISA.

No necesariamente debemos compartir los presupuestos filosóficos, zoológicos o antropológicos que localizan en el aprendizaje la característica esencial de los seres vivos o de los humanos y en el cerebro su órgano privilegiado; es suficiente con aceptar que las actividades humanas de aprendizaje están relacionadas con cierte *disfrute* para obtener evidencias empíricas de aquella disociación.

La edición de PISA de 2018 estuvo centrada en la competencia lectora (*reading*). Los cuestionarios también preguntaron por algunas variables relacionadas con el disfrute (*enjoyment*) por la lectura, con preguntas como si el estudiante leía por disfrute o el tiempo que se le dedicaba a esta actividad. En la gráfica 3 se exponen los resultados de la prueba de competencia lectora y el porcentaje de estudiantado que declara que lee por disfrute en los diversos Estados participantes en el programa. Como puede verse, la correlación es negativa con un notable valor R=-0,629, con un coeficiente de determinación de R²=0,396.

GRÁFICO 3. RESULTADOS EN LA PRUEBA DE COMPETENCIA LECTORA Y EL PORCENTAJE DE ESTUDIANTES QUE LEE POR DISFRUTE (PISA 2018)

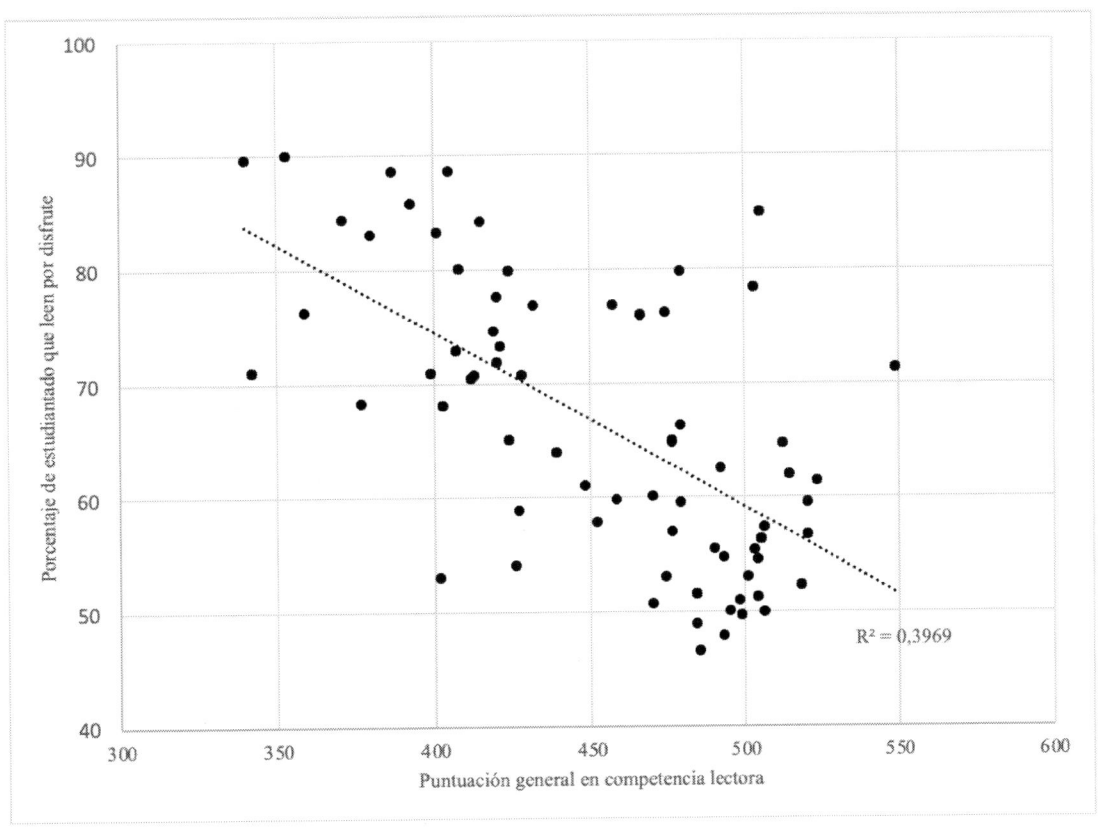

Fuente: Elaboración propia de los datos de PISA 2018.

Idénticas conclusiones se pueden extraer al analizar los índices de satisfacción (un índice compuesto que elabora PISA) en ciencias, matemáticas o competencia lectora (Cf. PISA 2006, 2012 y 2018, respectivamente). Así pues, aquí tenemos un indicio de que los rendimientos de la enseñanza pueden ir por un lado (precisamente por el lado de la reproducción de las desigualdades sociales), pero que los aprendizajes pueden (o no) ir por otro. Por tanto, centrémonos en los estudios del aprendizaje.

4.- Podemos investigar los diversos tipos de aprendizaje mediante la simulación neuronal

Imaginemos una situación escolar habitual. Una maestra está explicando el teorema de Arquímedes mediante un experimento escolar. El alumnado presta atención porque sabe que la semana siguiente la maestra realizará una prueba (examen, control) sobre el asunto. Imaginemos una alumna que está atenta al experimento y entiende la explicación de la maestra. Después del experimento escolar, la maestra realiza otro experimento, que resulta también una aplicación del teorema. Nuestra aplicada alumna precisa esta vez menos tiempo para entender la explicación. Por último, la maestra realiza un tercer experimento y nuestra alumna aplicada todavía precisa menos tiempo en la comprensión de esta aplicación del teorema de Arquímedes. Además, ahora la alumna entiende algo que le inquietaba: porque los grandes barcos metálicos, que son pesadísimos, no se hunden en el río o en el mar. Podemos suponer que el hecho de que cada nueva iteración (experimento de la maestra) el tiempo sea menor acredita que se produce un aprendizaje global. Pero podemos tener dudas sobre qué parte de su aprendizaje global se debe a la capacidad de la maestra para realizar los experimentos o a la adecuación del libro de texto u otros materiales didácticos, qué parte tiene que ver con el hecho de que la niña haya resuelto el problema que la inquietaba sobre los grandes barcos, o qué parte está relacionada con al hecho de que tenga que superar una prueba poco tiempo después. El asunto a investigar es pues cómo el aprendizaje resultante global se relaciona con diversos tipos de aprendizajes, que suponemos modulables. Para dar validez a la investigación, el problema metodológico es cómo llevar a cabo esta investigación con abstracción de las formas concretas en las que se produce la enseñanza. En cierto sentido, esta cuestión es la que se planteó Kant a la hora de redactar su primera *Crítica de la razón pura*: ¿cómo investigar el conocimiento humano en general, y no en particular, al margen de toda experiencia concreta, que —como había establecido D. Hume— es particular y contingente? Es decir, ¿cómo realizar una indagación «pura» del aprendizaje? (La mención a Hume, precisamente un crítico de la falacia naturalista, ha de prevenir al lector de que lo que se trata a continuación se sitúa en el plano descriptivo. Para el plano prescriptivo sobre la competencia global, véase el capítulo de las profesoras M. J. Martínez y Sara Ibáñez).

4.1. Los neurotransmisores se asocian con tipos de aprendizaje, que se integran en el aprendizaje global

En primer lugar, explicaremos brevemente la relación entre tres neurotransmisores y las formas de aprendizaje que tienen asociados. Tomamos la distinción de las formas de aprendizaje de la literatura neurobiológica, lo que significa que las determinaciones que se realizan no necesariamente han de ser precisas o compartidas desde los textos didácticos. Con todo, intentaremos su explicación y, como explicaremos más adelante, lo que nos interesa por ahora es la presencia de esas formas en lo que hemos denominado aprendizaje global.

a) En el caso de la serotonina, los estudios experimentales (con ratas y humanos) y los modelos computacionales, ponen de manifiesto su relación con *dinámicas de aprendizaje por adhesión o aprendizaje afectivo*. Así lo indica una amplia bibliografía (por ejemplo, Luo et al. 2023 o Michely et al. 2020). Aunque evitaremos ejemplificar porque precisamente estamos buscando un experimento «puro», podríamos pensar en la manera como aprendemos una canción que nos gusta. (El profesor Beltrán, en el capítulo correspondiente, glosa este aprendizaje adhesivo cuando habla de un aprendizaje desinteresado que escapa a la lógica del beneficio).

b) En cuanto a la acetilcolina, la bibliografía científica ya registra su relación con el aprendizaje desde hace años (podemos mencionar las investigaciones de Hasselmo 1993 –criticado en Blockland 1995, que mantiene, sin embargo el papel del neurotransmisor en la atención– y 2006; cf. *Neurobiology* 2003). Este neurotransmisor se vincula con el aprendizaje asociativo y tiene un papel destacado en la supresión de interferencias que producen nuevos patrones en el aprendizaje precedente, un cierre o *campling*, que no debe confundir con el denominado cierre categorial en la teoría de sistemas y debe relacionarse más bien con la noción clásica de disonancia cognitiva (formulada por Leon Festinger en 1957); este cierre tiene que ver con la reducción de tensión que se experimenta cuando se resuelve un problema. Es lo que sucede cuando, por ejemplo, nos revelan un truco de magia. Hay una larga tradición de didácticas problémicas (por problemas, por proyectos), etc., que en definitiva quieren suscitar que el individuo efectúe este cierre y suprima las interferencias del aprendizaje.

c) En el caso de la norepinefrina o noradrenalina también existe evidencia de que está vinculada con el cerebelo y el aprendizaje. Hay estudios que muestran la relación entre este neurotransmisor y un aprendizaje aversivo, modulado por la experiencia (Stanley et al. 2023). Este aprendizaje aversivo, según la neurología, podría relacionarse con el aprendizaje *defensivo*, tal y como lo definió el psicólogo social Klaus Holzkamp (Holzkamp 1995; cf. Arnold y Holzkamp 2009). Se trataría de aquel aprendizaje que hacemos para evitar alguna cosa desagradable. Aunque soslayaremos poner ejemplos, los textos de Holzkamp se refieren, por ejemplo, a la preparación de un examen para evitar el suspenso.

4.2. Los tipos de aprendizaje que se integran en el aprendizaje global pueden estudiarse mediante los parámetros de RNA

Recordaremos la historia del superordenador Deep Blue, que en febrero de 1996 derrotó al campeón de ajedrez Garry Kasparov. Deep Blue fue adiestrado, almacenando en su memoria miles de partidas. A finales de 2017, la compañía Deep Mind presentó su superordenador AlphaZero, capaz de vencer a otros supercomputadores en ajedrez y otros juegos. A diferencia de Deep Blue, AlphaZero no recibió archivos con partidas jugadas, sino que simplemente recibió las instrucciones básicas y los programadores le ordenaron que jugara consigo mismo y, lógicamente, que intentara ganar. De este modo, aprendió sin, por así decir, una enseñanza anterior; aprendió por sí solo. A esto precisamente nos hemos referido anteriormente cuando hacíamos mención a un aprendizaje con un experimento «puro», pero además en el que podamos controlar como variables los tipos de aprendizaje que desarrollan los seres humanos. Para este fin hemos utilizado un programa de IA, más concretamente de Redes Neuronales Artificiales (RNA).

Las RNA simulan las redes neuronales biológicas. De estas, se sabe bastante, porque la neurobiología ha estudiado sus configuraciones y el papel de los neurotransmisores en distintos tipos de aprendizajes. En las RNA estos neurotransmisores se simulan mediante procesos y cálculos que se pueden alterar mediante determinados parámetros. En una red dispuesta con un modelo simple, la combinatoria de estos parámetros nos indicará la composición de los distintos aprendizajes en un aprendizaje global, que podemos averiguar con un modelo simple de «actor crítico» (definido por Sutton en 1996, véase Sutton y Barto, 2015). Es, por tanto, un experimento «puro», porque nuestro actor virtual no recibe ninguna enseñanza (salvo la orden de conseguir un objetivo), y más bien, por así decirlo, aprende de sí mismo. Se trata, pues, de establecer la relación entre: neurotransmisores, tipos de aprendizaje y parámetros de las RNA.

Ahora es necesario relacionar estos neurotransmisores biológicos con parámetros de RNA. Es decir, de lo que se trata es de utilizar las RNA para realizar un aprendizaje «puro» en el que se puedan modular aquellas variables. Lo hemos realizado con el programa Simbrain (véase Tosi & Yoshimi 2016), mediante el cual ejecutamos el modelo «actor-crítico» (gracias a una red neuronal preentrenada), que utiliza parámetros para simular estos neurotransmisores y, lógicamente, los tipos de aprendizajes indicados. En la terminología de este programa, estas variables son:

a) *Factor gamma* o factor de descuento: la orientación al futuro del agente. El rango es 0-1. Para valores más cercanos a 0, el agente está enfocado a recompensas más inmediatas; para valores más cercanos a 1, el agente se centra más en recompensas no inmediatas. Simularía la activación de la serotonina.

b) *Tasa de aprendizaje (learning rt.)*: la proporción de saber (los «pesos», se llama metafóricamente) que se actualiza en cada paso de tiempo (también oscila entre 0 y 1). Simularía la activación de la acetilcolina.

c) *Parámetro épsilon*: la probabilidad que tiene el agente virtual de realizar una acción aleatoria. Lógicamente esta probabilidad oscila entre 0 (no tiene probabilidad de realizar acciones aleatorias) y 1 (todas las acciones son aleatorias), lo que se vincula con la norepinefrina o noradrenalina.

Por tanto, podemos establecer la relación que presenta la tabla 1, donde hemos añadido una última fila de ejes cartesianos que se explicará más adelante.

TABLA 1. RELACIONES ENTRE NEUROTRANSMISORES, TIPOS DE APRENDIZAJE Y PARÁMETROS DE RNA

Neurotransmisores	serotonina	acetilcolina	norepinefrina o noradrenalina
Parámetro RNA	factor gamma	tasa de aprendizaje	parámetro épsilon
Tipo de aprendizaje	aprendizaje adhesivo, afectivo	supresión de interferencias	aprendizaje aversivo, defensivo
Eje	X	Y	Z

Fuente: Elaboración propia

4.3 La experimentación proporciona una serie de datos sobre la integración de los aprendizajes en el aprendizaje global

Imaginemos la representación de un espacio virtual, como la que se presenta en un videojuego, en este caso un cuadrado dividido en una determinada cantidad de celdillas o sectores, a la manera de un tablero de ajedrez. En un ángulo del cuadrado tenemos una rata virtual y en el ángulo contrario un trozo de queso virtual, que nuestra rata no puede ver ni olfatear. Programamos las variables indicadas (factor gama, tasa de aprendizaje y parámetro épsilon), que corresponden con determinadas cantidades de neurotransmisores (serotonina, acetilcolina y norepinefrina o noradrenalina) y formas de aprendizaje. La rata virtual tiene la instrucción de alcanzar el queso virtual, pero la manera como procede en cada caso (es decir, si deambula más o menos o está más centrada o menos en conseguir su objetivo) se puede programar mediante los parámetros. Cuando consiga el queso virtual, habrá realizado un aprendizaje, a saber, memorizará la ruta exitosa para alcanzar su objetivo, pero se mantendrá por ejemplo una cierta tendencia a deambular aleatoriamente, de manera que en un segundo intento es muy probable que le cueste menos tiempo llegar a su objetivo, aunque no vaya directa. Podemos hacer que repita otra vez su camino, colocándola de nuevo en el ángulo opuesto. Lógicamente, en esta iteración tardará menos en general. Está claro que a partir de un número suficiente de intentos, el aprendizaje hará que la rata virtual no deambule y vaya directamente a su objetivo (podríamos hablar de una dinámica de saturación o una función logarítmica en la curva del tiempo de aprendizaje). Por ello no es necesario repetir indefinidamente el número de intentos, sino que podemos reducirlos a una cantidad y medir el tiempo que necesita la rata virtual para alcanzar el objetivo en ese número de iteraciones. Téngase en cuenta que el ejemplo se refiere a un aprendizaje simple que puede ser explicado desde el puro conductismo y cuyo efecto es ganar en rapidez o en automatización de la conducta para reproducir el mismo recorrido. Esta indagación puede servir de fundamento a otros aprendizajes más complejos o que impliquen la capacidad reflexiva de toma de decisiones y, en todo caso, proporciona intuiciones básicas sobre el diseño de procesos de enseñanza.

Dejando de lado los valores 0, si otorgamos valores 0,25, 0,5, 0,75 y 1,0 a cada uno de los parámetros y mantenemos fijo el número de intentos (variables independientes), podemos medir el tiempo de realización como una variable dependiente que representa el aprendizaje *global* como una magnitud inversa (a más aprendizaje global, menos tiempo de realización de los intentos. El número de intentos se ha fijado en 10 en todos los casos (3 parámetros por 4 posibilidades cuantitativas por 10 intentos = $10 \times 4^3 = 640$ desplazamientos de la rata virtual). Resulta claro que los tiempos de realización variarán de una experimentación a otra (como variarían si tuviéramos ratas reales), por lo que no deben calcularse matrices de correlaciones, sino que resulta preferible efectuar una representación las tendencias generales, como se hace más adelante.

5.- Los datos recogidos pueden tratarse mediante un algoritmo de instrucción supervisada

5.1 El algoritmo Random Forest permite ampliar de 640 a 9.261 el número de casos de este estudio

Random Forest es un algoritmo de aprendizaje supervisado, que se presenta como un fortalecimiento de los *tree predictors*. Los *tree predictors* son métodos de aprendizaje automático, que toman como base los *decisions tree*. Éstos son procedimientos que dividen el conjunto de datos en subconjuntos más pequeños y, por así decirlo, aprenden de las características de los subconjuntos. Con esto pueden tomar decisiones basadas en secuencias *if-then-else*. Por eso se emplean en problemas tanto de clasificación como de regresión. En los modelos *tree predictors* se utiliza un único árbol de decisión.

Un popular ejemplo de árbol de decisión con objetivos clasificatorios es lo que se llama precisamente «triaje» en las entradas de urgencias de los hospitales. Mediante una serie de preguntas y medidas (temperatura corporal, presión sanguínea, saturación de oxígeno en sangre, etc.) se decide no sólo la especialidad que debe atender al enfermo, sino también su código de urgencia.

Para perfeccionar estos modelos de árbol de decisión se han formulado los *tree ensembles*, como es el caso de *Random Forest, Gradient Boosting* y *AdaBoost*. Estos *ensemble methods* utilizan técnicas que combinan las predicciones de varios modelos base para mejorar la generalización y la precisión.

Random Forest fue propuesto y desarrollado por Leo Breiman, un estadístico y profesor de la Universidad de California en Berkeley. Breiman introdujo *Random Forest* en un artículo titulado «Random Forests» (Breiman 2001). Dicho de otro modo: la idea detrás de *Random Forest* era abordar problemas de sobreajuste comunes a los árboles de decisión individuales y mejorar la precisión y estabilidad del modelo combinando múltiples árboles entrenados de forma independiente.

Podríamos imaginar a una persona que, al acceder a las urgencias de un hospital, pasara por varios servicios de «triaje», cada uno de los cuales aplicara, además, una metodología diferente, que incluso variara aleatoriamente. No hay duda de que su clasificación sería entonces mucho más adecuada.

En síntesis, pues, *Random Forest* es un algoritmo de aprendizaje supervisado utilizado para problemas de clasificación y regresión. Pertenece a la categoría de métodos de conjunto, que combina predicciones de múltiples modelos base para mejorar la precisión y robustez generales. Actualmente, *Random Forest* está implementado en diversas bibliotecas y plataformas de programación. Estas bibliotecas y plataformas permiten a los desarrolladores utilizar el algoritmo en sus proyectos y análisis de datos. Algunos de los entornos y bibliotecas populares que existen implementaciones de *Random Forest* incluyen: Scikit-learn (Python), R (R Language), Tensor Flow (Python), H2O.ai; Apache Spark MLlib; Weka (Waikato Environment for Knowledge Analysis). El programa Orange Data Mining 3.36.1, utilizado por nosotros, incorpora entre sus algoritmos de modelización Random Forest, así como otros mencionados: Tree, AdaBoost, Gradient Boosting, etc.

Pues bien, con los 640 datos anteriores adiestramos *Random Forest* para que proporcione predicciones de 9.261 casos, que corresponden a las opciones: 0,00, 0,05, 0,10, 0,15, 0,20, 0,25, 0,30, 0,35, 0,40, 0,45, 0,50, 0,55, 0,60, 0,65, 0,70, 0,75, 0,80, 0,85, 0,90, 0,95 y 1,00, en cada una de los tres parámetros, es decir: 21^3 posibilidades). La variable dependiente es el tiempo resultante. En el gráfico 1 representamos los tres ejes (X, Y, Z) y el tiempo, que se representa por el tamaño y el color de los puntos. Para reducir la superposición de puntos se aplica al gráfico cierta opción de *jittering* (desplazamiento).

Gráfico 4. Resultados de la experimentación

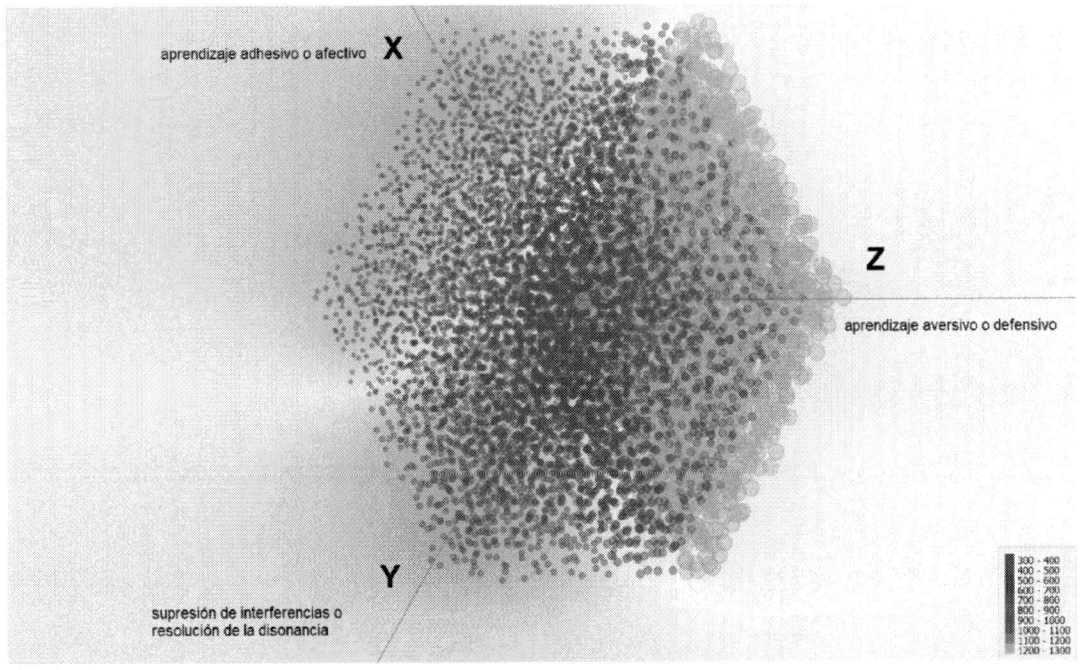

Los valores menores (círculos azul oscuro de menor diámetro) se dan con los valores superiores de X (factor gamma, lo relacionado con la serotonina y aprendizaje adhesivo o afectivo) y valores menores de Z (el parámetro épsilon, relacionado con la norepinefrina o noradrenalina y el aprendizaje aversivo o defensivo). Y al revés, con valores inferiores de X y superiores de Z se logran resultados con valores mayores de la variable independiente (más tiempo), que se representan en colores amarillo-verdoso y puntos de mayor tamaño. Hay recordar que el gráfico 1 presenta en dos dimensiones lo que es una representación tridimensional (lo que exige una proyección bidimensional y un cierto esfuerzo de la persona que observa). Con todo, podríamos precisar un poco más las conclusiones del modelo procediendo a una reducción de la complejidad.

5.2 Se puede reducir la complejidad mediante un análisis de los 1.155 casos extremos, mediante relaciones de variables dos a dos

En el modelo elaborado por el algoritmo *Random Forest* presenta un rango de tiempo entre 314,26 unidades de tiempo (en 840 casos, es decir, un mínimo en el 9,0% de los casos) y 1.276,72 unidades de tiempo (en 315 casos, es decir, un máximo en el 3,4% de los casos). Podemos estudiar los dos escenarios, el mínimo y el máximo. Si relacionamos las variables X e Y, observamos que los los valores mínimos y máximos presentan exactamente el mismo perfil en los gráficos de valores X (parámetro gamma) y Y (learning rt.). La primera variable oscila entre 0,65 y 0,85 y la segunda ocupa todo el rango 0,0 a 1,0. En el caso de la relación entre las variables X y Z, los valores de X oscilan entre 0,65 y 0,85 en ambos casos, pero aquí puede verse cómo en el caso del mínimo los valores de Z están entre 0,0 y 0,35; mientras que, en el escenario opuesto, el de el tiempo máximo, los valores de Z se ubican entre 0,9 y 1,0. Por último, el vínculo entre las variables Y y Z, también sucede que el parámetro Z es el que se relaciona con un escenario de tiempo mínimo, en el que los valores de Z son menores y se mueven en el rango 0,0 a 0,35, o con un escenario de tiempo máximo, en el que los valores de Z oscilan entre 0,9 y 1,0.

Es decir, el menor tiempo de aprendizaje global (lo que podríamos considerar un óptimo) acaece con valores de aprendizaje adhesivo o afectivo elevados, pero no extremos (correspondientes a parámetros 0,65-0,85) y valores bajos (de 0,0 a 0,35) de aprendizaje aversivo o defensivo, mientras que la supresión de interferencias o la resolución de la disonancia cognitiva puede oscilar sin variación entre 0 y 1.

Curiosamente, la índole elevada, pero no extrema, del aprendizaje adhesivo, ya fue señalada por un profesor de la Universitat de València, Pere Joan Nunyes, en el siglo XVI, en lo que tal vez sea la primera Guia Docente que se ha conservado de esta institución: «*L'altra manera d'entendre és escoltar el mestre. Si ho feu així, convé primer de res tenir afecció al mestre; però no de tal manera que la passió us destorbe l'estudi.*» (*Futura* 2015: 27).

6. Conclusiones

El aprendizaje global se presenta como una suma de distintos tipos de aprendizaje. Existen buenas razones experimentales para mantener la distinción constructivista entre la enseñanza y el aprendizaje, como hemos visto en las correlaciones del programa PISA entre la variable del rendimiento general y las variables relacionadas con un indicador de aprendizaje (porcentaje de personas que disfrutan con la lectura e índice de disfrute). Pero esto no es suficiente para estudiar el aprendizaje global. Es necesario un diseño experimental que, como ocurrió con el experimento ideal de la radiación del cuerpo negro en física, considere el aprendizaje al margen de cualquier enseñanza posible. Esto puede hacerse con estudios del aprendizaje de los bebés (Schröder 2019) o usando la IA. Esto lo hemos conseguido por medio de una aplicación de IA que permite la simulación de RNA, cuyos parámetros se pueden asociar sólidamente con neurotransmisores y formas de aprendizaje. El resultado es la representación del gráfico 4, donde pueden apreciarse bien las tendencias. De esta forma podemos cruzar el puente entre las formas de aprendizaje y el aprendizaje global sin tener que considerar la interferencia de las formas de enseñanza y las didácticas asociadas a ellas.

Cualquier modelización, como ocurre con el proceso de simulación (en este caso, con RNA), supone una cierta simplificación. Ciertamente se ha utilizado un modelo (actor-crítico) simple, porque en la pretensión no era evaluar este modelo, sino las formas de aprendizaje ligadas a él. Está claro que ulteriores investigaciones pueden utilizar otros modelos.

Por lo que respecta a las formas de aprendizaje, debemos insistir en que no somos nosotros las que las hemos definido, sino que simplemente hemos recogido las formas que presenta la literatura neurobiológica que hemos citado. Naturalmente, la bibliografía neurobiológica es inabarcable. Por ejemplo, sólo una investigación sobre aprendizaje y acetilcolina proporciona más de 675.000 registros. Por eso, nos hemos limitado a los de mayor relevancia, que presentan además conclusiones convergentes.

En cuanto a la relación entre RNA y redes neuronales biológicas, está claro que este campo de la IA es muy dinámico y avanzará en los próximos años, también con las posibilidades de que abra la computación cuántica (ver Hernández y García 2022). No entramos aquí en la forma en que las RNA simulan las biológicas (dicho de otro modo, la formulación de nodus, pesos, funciones de activación, etc.). En la bibliografía, el uso de las RNA para·simular los modelos cognitivos recibe el nombre de modelo conexionista (*connectionist model*).

Sin embargo, cabe insistir entre las diferencias entre la computación clásica y las RNA. En un ordenador clásico, los símbolos discretos (cadenas de 0 y 1, o bits) funcionan de forma secuencial mediante reglas. Los bits de información se colocan en los registros de la unidad central de procesamiento (CPU) y se aplican las reglas lógicas del conjunto de instrucciones de la CPU. Los ordenadores se programan a mano para realizar cosas útiles. El interior de una CPU y los sistemas de memoria de un ordenador son entornos cuidadosamente controlados. No les van bien las señales ruidosas ni los daños. La computación en una red neuronal es distinta. La computación neuronal no se basa en operaciones secuenciales y basadas en reglas sobre bits, sino en operaciones paralelas en las que los patrones de activación de los nodos se transforman mediante fuerzas de peso. Las redes neuronales también toleran mejor las señales ruidosas y los daños que los ordenadores digitales. Las redes se entrenan mediante aprendizaje, no se programan. Mostramos en la red lo que queremos que haga, y ella aprende a hacerlo. Esto se llama aprendizaje supervisado, ya que conocemos la salida correcta para cada entrada y podemos decir en la red exactamente qué salida debe producir para cualquier entrada dada.

Por tanto, el interés en nuestro caso es hacer una combinatoria de parámetros para ver los resultados. Ni que decir tiene que el proceso de establecer una combinatoria de posibilidades orientada al aprendizaje, un modelo *conexionista*, tiene un precedente remoto en el *Ars Magna* de nuestro Ramon Llull. Su *Doctrina pueril*, escrita en el siglo XIII, fue un libro en el que explicaba para los niños su dispositivo didáctico, debe hoy ser reescrita a la luz de los descubrimientos filosóficos, sociológicos y pedagógicos, lo que es un buen objetivo para las nuevas generaciones.

7. Bibliografía

Arnold, Rolf y Holzkamp, Klaus (2009): «Sobre el "cortocircuito enseñanza-aprendizaje". Entrevista sobre el "aprendizaje"». *RASE [Revista de Sociología de la Educación]*, 2 (1): 86-94.

Arnold, Rolf y Schön, M. (2021): *Didáctica facilitadora. Un libro de aprendizaje.* València: Institut de Creativitat i Innovacions Educatives de la Universitat de València.

Bernstein, Basil (2001): *La estructura del discurso pedagógico.* Madrid: Morata.

Blokland, Arjan (1995): «Acetylcholine: a neurotransmitter for learning and memory?». *Brain Research Reviews*, 21 (3), 285-300.

Breiman, L. (2001) Random Forests. Machine Learning 45 (octubre), 5-32 <https://doi.org/10.1023/A:1010933404324>

Comenius (1659): Johan Amosi Comenii Schola Ludus, seu Encyclopaedia viva: hoc est Praxis Scenica Januaelingvarum & Rerum, Artificium exhibens amaenum... Typis Jacobi Lasché, Typografhi Hanoviensis.

Dausien, Bettina (2011): «"Biographisches Lernen" und "Biographizität" - Überlegungen zu einer pädagogischen Idee und Praxis in der Erwachsenenbildung». *Hessische Blätter für Volksbildung*, 2, 110-125.

Futura (2015): «Lluís Vives», núm. tardor. Universitat de València. <https://www.uv.es/refutura/futura31>

Hasselmo, Michael E. (1993): «Acetylcholine and Learning in a Cortical Associative Memory», *Neural Computation*, 5 (1), gener, 32-44

——— (2006): «The role of acetylcholine in learning and memory», *Current opinion in Neurobiology* 16 (6), 710-715.

Hernàndez, F. J. y Garcia, Vicent (2022): Sobre el lenguaje escrito y el lenguaje oral en la sociedad digital. *Studia Humanitatis Journal*, 2 (1) 69-86.

Holzkamp, Klaus (1995): *Lernen. Subjektwissenschaftliche Grundlegung.* Fráncfort d. M., etc.: Campus Verlag.

Luo, Q. et al. (2023): «Comparable roles for serotonin in rats and humans for computations underlying flexible decision-making». *Neuropsychopharmacol* <https://doi.org/10.1038/s41386-023-01762-6>.

Michely, J. et al. (2020): «A mechanistic account of serotonin's impact on mood». *Nat Commun* 11 (2335) <https://doi.org/10.1038/s41467-020-16090-2>

Neurobiology (2003): Acetylcholine: Cognitive and Brain Functions, *Neurobiology of Learning and Memory*, 80 (3), 177-352 (número monográfico sobre la acetilcolina).

OECD (2019): PISA 2018 Results (Volume I): What Students Know and Can Do. http://dx.doi.org/10.1787/888934029109 (accéso 19 octubre 2023).

PISA (2006). París: OCDE. En: https://www.oecd.org/pisa/

—— (2012). París: OCDE. En: https://www.oecd.org/pisa/

—— (2018). París: OCDE. En: https://www.oecd.org/pisa/

RASE (2016): A vueltas con la desigualdad, en el cincuentenario del Informe Coleman, Revista de Sociología de la Educación, vol. 9, núm. 1.

—— (2022): La sociología de la educación despúes de Bourdieu. *Revista de Sociología de la Educación*, vol. 15, núm. 2.

Rehfus, Wulff D. (1986): Der Philosophieunterricht: Kritik der Kommunikationsdidaktik und unterrichtspraktischer Leitfaden. Stuttgart-Bad Cannstatt: frommann-holzboog.

Schröder, Tim (2019): «Raus mit der Sprache». *Max Planck Forschung*, 19 (4), 19-25.

Sobrino, Alejandro (2012): «Lógica borrosa», en Vega, L. & Olmos, P.: *Compendio de lógica, argumentación y retórica*. Madrid: Trotta.

Spitzer, Manfred (2007): *Lernen. Gehirnforschung und die Schule des Lebens*. Múnich: Spektrum Akademischer Verlag, 3a ed.

Stanley, A. T. et al. (2023): «Norepinephrine release in the cerebellum contributes to aversive learning». *Nat Commun* 14 (4852) <doi.org/10.1038/s41467-023-40548-8>

Sutton, Richard S. y Barto, Andrew G. (2015): *Reinforcement Learning: An Introduction* [Second edition in progress, 2014, 2015]. Cambridge, Massachusetts; Londres: MIT Press.

Tosi, Zach y Yoshimi, Jeff (2016): Simbrain 3. A Flexible, Visually-Oriented Neural Network Simulator. *Neural Networks* (4 de juliol). En: https://www.sciencedirect.com/science/article/pii/S0893608016300879

Colofón

«Me preocupa que tengan siempre presente que enseñar quiere decir mostrar. Mostrar no es adoctrinar, es dar información pero dando también, enseñando también, el método para entender, analizar, razonar y cuestionar esa información. Si alguno de ustedes es un deficiente mental y cree en verdades reveladas, en dogmas religiosos o en doctrinas políticas, sería saludable que se dedicara a predicar en un templo o desde una tribuna. Si por desgracia siguen en esto, traten de dejar las supersticiones en el pasillo, antes de entrar en el aula. No obliguen a sus alumnos a estudiar de memoria, eso no sirve. Lo que se impone por la fuerza es rechazado y en poco tiempo se olvida. Ningún chico será mejor persona por saber de memoria el año en que nació Cervantes. Pónganse como meta enseñarles a pensar, que duden, que se hagan preguntas. No los valoren por sus respuestas. Las respuestas no son la verdad; buscan una verdad que siempre será relativa. Las mejores preguntas son las que se vienen repitiendo desde los filósofos griegos. Muchas son ya lugares comunes, pero no pierden vigencia: qué, cómo, dónde, cuándo, por qué. Si en esto admitimos, también, eso de que «la meta es el camino», como respuesta no nos sirve. Describe la tragedia de la vida, pero no la explica. Hay una misión o un mandato que quiero que cumplan. Es una misión que nadie les ha encomendado, pero que yo espero que ustedes, como maestros, se la impongan a sí mismos: despierten en sus alumnos el dolor de la lucidez. Sin límites. Sin piedad.»

(Monólogo de la última clase de Fernando Robles en la película *Lugares comunes* de Adolfo Aristarain)